做生活的风控官

李晓忠　著

经济日报出版社

图书在版编目（ＣＩＰ）数据

做生活的风控官 /（美）李晓忠著. -- 北京：经济
日报出版社, 2021.12
　　ISBN 978-7-5196-0989-4

　　Ⅰ. ①做⋯　Ⅱ. ①李⋯　Ⅲ. ①李晓忠—传记　Ⅳ.
①K837.125.38

中国版本图书馆 CIP 数据核字(2022)第 011531 号

做生活的风控官

作　　者	李晓忠
责任编辑	黄芳芳
助理编辑	王孟一
责任校对	白世英
出版发行	经济日报出版社
地　　址	北京市西城区白纸坊东街 2 号 A 座综合楼 710（邮政编码：100054）
	010-63567684（总编室）
	010-63584556（财经编辑部）
	010-63567687（企业与企业家史编辑部）
	010-63567683（经济与管理学术编辑部）
	010-63538621　63567692（发行部）
网　　址	www.edpbook.com.cn
E - mail	edpbook@126.com
经　　销	全国新华书店
印　　刷	三河市兴国印务有限公司
开　　本	880×1230mm　1/32
印　　张	7.5
字　　数	75 千字
版　　次	2022 年 1 月第 1 版
印　　次	2022 年 1 月第 1 次印刷
书　　号	ISBN 978-7-5196-0989-4
定　　价	78.00 元

李晓忠

　　博士，双博士后，曾在企业担任首席科学家和首席风险官多年。

序

　　10 年前，湖北省石首市侨办准备给出国在外的石首籍优秀人才出版传记，其中也给我写了一篇。我读完第一稿后，觉得差距太大，就要求暂停了，准备自己亲自修改，结果一拖就是 10 年，只好重写，但是书中保留了第三人称的写法。

　　数学是一门古老的而且比较抽象枯燥的学科。现在人们在选专业的时候首选都不是数学。我本人当初也是想选其他学科，比如心理学，但是无奈体检发现眼睛天生色弱，好多学科都上不了。原本以为数学系毕业之后就是当个清贫的老师，但是实际上却走上了科学研究与企业管理的道路。

　　我不仅家世普通，自己的人生也很普通。做科研时没有取得惊世的成绩，做企业时也没有获得巨额财富。

　　联想到我的职业，原来我不仅是工作上的风控官，更是我自己人生道路的风控官。金融的风控是在满足一定的约束条件下实现利润的最大化，体现在日常决策就是收益与风险的平衡。对人生来说就是在满足一定的条件下实现人生价值的最大化，体现在日常生活是欲望与代价的平衡。某方面的巨大成功如果以其它不可接受的代价为前提说明风控没有做好，自然是幸福感就要差一些。

　　自认为普通，但是在别人眼里却不一定。

"李总是我见过读书还能挣到钱的第一个人"，有同事如是说。

"叔叔的人生是一部传奇"，已研究生毕业参加工作的侄女在读了此书的部分内容后说。

于是，在家人与朋友的鼓励下，加上最近生了一场病，拖了大半年，感觉世事无常，便决定大胆为"普通人"写一部传记。虽然我的人生还没有走完，未来可能还要经历大的风雨，但是不妨碍以此书作为我人生的一个阶段性总结吧。

只因为相信普通人如果做好自己人生的风控也会获得幸福。

感谢一路走来帮过我的老师、同学、同事、朋友和家人。

感谢原石首市侨务办公室主任付静波女士、原石首市文化局局长曾克平先生。

谨以此书献给正在寒窗苦读的学子们及其父母们。

最后谨以此书献给我的妻子李小燕，女儿李笑笑。

李晓忠

2021 年 3 月于上海

目　录

一 苦难童年

李晓忠出生在中国湖北一个充满历史传说的小县城。在二千多年前,著名教育家、思想家孔子带着他门下的七十二贤生,推行以"仁爱"治天下的政治主张,周游列国。一日来到楚国境地山城的一块坪地。突然,车轴断落,孔子连车带人摔倒在地,由于饥饿寒冷,老人发生间歇性脑晕,学生急忙从田间拔了几个萝卜给老人充饥。老人过了一会才缓解过来。楚国人为了纪念这位伟大的教育家、思想家,将车轴断落的地方命名为车落岗村沿用至今。

1966 年,李晓忠就出生于湖北省石首市车落岗村五组三间矮小破旧的平房里,在兄弟姊妹六人中排名第五。

从晓忠有记忆的童年开始,最最渴望的就是能吃上一顿饱饭。他的童年充满悲伤和凄苦。

要说五六十年代,国家尚未实行计划生育,一家六七个孩子不算稀奇,大的带小的,一件衣服常常大的穿完小的穿,多一瓢水少一瓢水一样过日子。为什么晓忠一家的日子过得比别人更为寒碜呢?

比晓忠大九岁的哥哥李忠林叹了口长气说:"母亲大脑神经有问题,生活基本不能自理,父亲忙了外头忙屋里,既当爹又当妈,人不能分身,顾不过来哟!"李忠林的话不多,为人低调,他对家庭付出了很多。只要有人提到他弟弟,忠林总会流露出一脸自豪，他对自己的选择从来没有后悔过。

1982年毕业的大学生是香饽饽，工作包分配，好多单位争着抢着要。按李忠林在华中农学院的突出表现和优异成绩，留城或留校就在于自己一句话，但他毅然回到老家同父亲一起扛起家庭重担，帮助照看弟弟妹妹。

"饥饿"是晓忠最怕见到的两个字。由于平时缺少油水，特别容易产生饥饿感。同学们进食或吃零食时散发出的那种诱人的气味或视觉感，更容易造成晓忠的饥饿感。

由于粮食紧张，晓忠的爸爸决定将一日三餐降为两顿，早饭晚点吃，晚饭早点吃，中餐没有。由于上学早，所以晓忠经常不吃早饭就去上学。本来认为不吃早餐没什么，但多年以后体检时晓忠被查出患有胆结石，医生说和经常不吃早餐有很大关系。

不仅如此，由于大米有限，为了吃饱饭，他爸爸在大米里掺入野菜或者比较便宜的碎糯米渣子（本来是喂猪的），不仅米饭的香味没有了，而且难以下咽。一顿可以，天天如此则实在是苦不堪言。

在红星小学上学时，午餐时间晓忠独自吃从家里带来的碎糯米饭被班主任老师发现了，她看不过去，立即把饭倒掉了，然后从她的家里给晓忠重新盛了一碗米饭。其实老师也不容易，晓忠特感激，一辈子也不会忘记。晓忠说他对米饭的香味有独特的喜欢，是和那段经历分不开的。

他的同窗好友杜鹏飞先生深有感触地讲到孩提时的往事："那时我家的情况比较好，经常匀一个馒头给他当午餐，现在每次见到晓忠，他总有说不完的谢谢！我倒不以为然，几个馒头能谢几十年！值得么？我是饱汉不知饿汉饥。"

湖北省湖泊多，沟多河多。晓忠不会忘记，离家门口不足三十米处的那条水沟，七十年代沟里没有污染，水质优良，一群群小鱼儿穿梭在荷叶、杂草丛中，摆着尾，张合着嘴自由自在地游戈，那情景晓忠记忆犹新。星期六或者是星期天，晓忠会和其他小朋友下水一起捉鱼，半天左右总有些小收获，然后兴高采烈地拿着胜利品回家去改善生活。这在晓忠的童年记忆中也算留下了快乐的一笔。

在这种清苦的环境下，晓忠很早就懂得了读书是唯一的出路。"书中自有黄金屋，书中自有颜如玉。"这句古语一直是晓忠的座右铭。由于喜欢读书，加上本人聪明伶俐，所以他的学习成绩一直很好，老师也很喜欢他。在绣林中学时，晓忠经常在全校大会上上台去领奖。奖品是一大堆作业本，所以他很少找家里要钱买作业本。晓忠的读书之路可谓是一路顺利，只是没想到这一读就是二十四年（包括博士后）。

二 大学生活

1984年，晓忠以优异的成绩从石首一中考上了北京师范大学数学系，在车落岗村成了新闻。那个时候大学生本来就少，在这个特殊的家庭里连出了两名大学生，知情者都佩服地伸出大拇指："不简单，一定是母亲把她的聪明都给了孩子。"老人们乐呵呵地捋着胡子说："车落岗是孔子歇脚的地方，出几个大学生当然不难！"

当初选北师大也是有原因的。由于家里困难，晓忠就想去一个有助学金的地方。当时师范院校是有奖学金的。北京师范大学是当时最好的师范大学，而且当时毕业以后都是分配到大专院校当老师的。晓忠很喜欢，并开始了对未来的憧憬，当一名大学教授。

去北京之前，晓忠一直在石首市读书，县城以外的地方就没去过。这一下子到了北京，自然很不适应。首先就是普通话的问题。有一次在上《数学分析》的课堂上，老师提了一个问题，晓忠举手回答了问题，还没等老师开口，同学们便哈哈大笑起来，老师也笑了。原来是因为晓忠讲的是湖北石首话，班上的同学都没听懂。

正当晓忠感到窘迫的时候，老师说："同学们，你们不要笑。他虽然普通话不标准，但是我听懂了，他的回答是正确的。"老师和同学们给予了晓忠热烈掌声，晓忠的自信心又回来了。这位老师姓马，是一位山东大汉。大学四年马老师一直都很支持晓忠，当然晓忠也没有辜负老师的厚爱，学习成绩一直名列前茅。

大学时期另外一位郝炳新教授也让晓忠难忘。他教会晓忠如何认识事物，也让晓忠更加喜欢上了数学。

当时同学们普遍认为数学太枯燥乏味，高深难懂，比起中文系、外语系、物理系等其他学科来说太没有意思了，完全提不起学习兴趣。

晓忠记得，郝教授高高的个儿，头顶光亮，说话总是慢条斯理满面笑容的样子。他在美国留过学，英语特棒，很有教授范，大家都很喜欢他。他讲授的课是《高等代数》，在一般人眼里绝对是无趣的课。

当他知道同学们对数学提不起兴趣时，他说："同学们，任何一个东西都有它的美，你要能够发现它的美。只有发现了它的美，你才会喜欢它。数学也一样。数学其实是很美的，如果你们能认识到数学的美就不会这样了。数学的美就在于它是那么严谨、对称和具有逻辑性。"一席话说得大家茅塞顿开。晓忠对数学的喜欢就更坚定了。

陈景润、杨乐、华罗庚等人都是大数学家，而且在当时是被广为宣传的对象。由于过度的宣传，效果也不一定全是正面的。比如，陈景润，戴一副很厚的深度近视眼镜，因为走路还思考数学问题常撞上电线杆，撞完后还说对不起，其住处也是一个只有6平方米的斗室，等等，这些宣传使清贫和木讷几乎成了数学家的写照。晓忠虽然希望取得那样的成就，可并不想成为清贫和木讷的人。也许是因为害怕穷的原因吧。实际上他外表一点也不木讷，个子虽不是很高，却有一双很大很黑的眼睛，经常被人称赞很阳光很帅气。

大学就像一个大熔炉，学生进去时就像生铁，毕业出来时就应该是好钢。当然也有出来时是废铁的，关键是自己要把握机会，自己要努力。晓忠在学校里拼命吮吸各种知识，参加各种社团，给自己补课。以前只是埋头学习，根本没有机会接触其他东西。比如，音乐，舞蹈等。晓忠知道，除了专业成绩之外，自己比其他来自大城市的同学差很多。

　　有一次学校食堂门口贴出海报，招聘声乐学员。招聘是要考试的。所谓考试就是每人必须唱两首歌。当时晓忠本是抱着看看的心理去了现场。有一位教育系的女生在台上唱了一首湖北利川民歌"龙船调"，当唱到"妹妹要过河哪个来推我么？"晓忠在观众席上用家乡话喊了一嗓子，"还不是我来推你么！"引得评委老师们和观众哈哈大笑和鼓掌。其实是那位女生知道晓忠是湖北人后在她上场前临时请他配合的，没想到这一下引起了老师们的注意，并让他唱了两首歌，居然被选进了声乐班高音部参加培训。

　　晓忠还重点练习了乐器，主要是小提琴和吉他。哥哥原来是文艺宣传队的，乐器玩得好，特别是小提琴，晓忠从小耳濡目染。高考完后，晓忠就拿起哥哥的小提琴，在哥哥的指导下开始练习了。大学时期，晓忠经常在宿舍楼道里练习小提琴，一首《天鹅湖》常常会引来好多同学围观。晓忠在乐器方面对自己要求并不高，只想自娱自乐，陶冶性情而已。音乐让晓忠认识了不少朋友，尤其让人意外的是晓忠后来还因此有幸上了中央电视台春节联欢晚会。

　　在舞蹈方面，晓忠学习了交谊舞和摇滚。他最拿手的是探戈舞。那时每逢周末高校都有舞会，周末和同学们出去跳舞是晓忠最期盼的娱乐活动之一。一个星期六的晚上，晓忠和自己的师兄吴植翘到邮电大学跳舞。在舞会上晓忠大胆地邀请了一位眼睛大而有神，皮肤白皙，辫子又粗又长的女同学跳舞，因为是探戈舞曲，很多同学不会跳就站在旁边观看，晓忠刚开始也曾担心她因为不会跳而拒绝自己或者配合不好，没曾想一曲下来，这位女生跳得很好，两人非常默契，得到了很多同学的围观，很多同学边观摩边练习。通过进一步的交谈，晓忠得知她的芳名叫李小燕，家就住在北邮附近，学计算机软件专业，北京人。名字跟晓忠的名字听起来就像兄妹似的，晓忠一下子就喜欢上她了，后来她成了晓忠的夫人。

为了培养自己的组织能力和领导能力，晓忠参加了不少社团，还在当时颇有影响的人才学会任副会长及会刊总编辑。从约稿到访谈，事事参与，长了不少见识。

为了减少家里的负担，也为了增加社会实践，晓忠开始尝试家教。1987 年在个体户经营刚刚开始的时候，晓忠将一张用钢笔写的家教小广告贴在了北师大校外小西天居民区的一根电线杆上。这个广告还真帮晓忠招来了一个学生，晓忠负责教他数学和英语，一个礼拜两次课，都在晚上，每次两个小时，一小时两元钱。因为那时一天的生活费 1 元就可以了，所以晓忠对这个工作还是满意的。最终该学生高考数学考了 100 分，大家都非常高兴满意。多年以后看到北师大周围到处都是家教广告，晓忠不禁感叹，自己居然是走向市场开拓家教的先驱者。

三 保送读研

虽然课外生活丰富，但晓忠的学习可一点也没耽误，成绩总是名列前茅。1988年眼看就要毕业了，同学们都开始联系工作单位，或者等待分配。晓忠还没有来得及考虑这些问题，系里已经根据成绩排名决定保送他为本系研究生。

在选择研究方向时，他毅然选择应用数学，主攻当时比较新的模糊数学。导师是当时正名声鹊起的汪培庄教授和罗承忠教授。

模糊数学，亦称弗晰数学。1965年由美国扎德教授提出，后来演变为模糊集合、模糊逻辑、模糊拓扑、模糊测度论等领域的统称，是研究现实世界中许多界限不分明问题的数学工具。传统的计算机是基于二值逻辑的，即1（是）或0（不是），而真实世界并不是由这种简单的二值逻辑就可以认识的，比如，说一个人是秃子，就不能简单地根据头发的根数说是，或者不是。只有一根头发显然可以叫秃子，两根也是，多少根以上就可以不叫秃子了呢？其实这个界线是不存在的。如果假定它是存在的，比如5000根头发就是界线，有5000根头发是秃子，5001根头发就不是秃子。那么这样的定义一定是滑稽可笑的。这就是秃子定义的模糊性，你可以说头发较少的叫秃子，头发多的不是，这里"少"或"多"就是模糊概念。模糊数学可以用模糊集来刻画这些概念。在人的思维中，很多情况是基于这种模糊概念的推理，比如，如果室温很热，那么就把空调温度调节钮向着低的方向多调一点。

人们这些简单的思维用号称摸拟人脑的电脑就很难实现。晓忠看到了模糊数学的广泛的应用前景，一下子就喜欢上了它。

研究生导师汪教授是湖北黄冈人，个子不高，声音也不高，但是说话却很有力，那是基于他对学科的深入研究与自信。汪教授经常出国交流，自然也有很多国外学者造访。国内也有很多学者慕名而来，因此在北京师范大学数学系形成了一个特别的关于模糊数学与模糊控制的团队与氛围。在这种氛围中，晓忠有机会认识了很多精英，包括国内外著名学者，比如，前面提到的扎德教授，南京航空学院院长朱剑英教授等。

罗承忠教授也是模糊数学这个团队中的一位研究生导师，名气虽然没有汪教授大，但是在理论研究方面也是很有造诣的。罗教授个子高挑，皮肤白皙，性格温和，还有一头浓密的头发，很帅气，一看就是在环境良好的家庭里长大。他和汪教授搭档，汪教授管外面，罗教授管里面，一起撑起了北京师范大学模糊数学研究基地的这棵"大树"。

汪教授对晓忠的帮助是方向，是资源，是平台，是信心。罗教授对晓忠的帮助则是偏细节的具体内容，包括定理的推理，论文的审稿以及生活上的关怀。

晓忠的研究主要在两个方面：一个是模糊控制器的应用和推广；另一个是模糊神经网络的研究。前者有显著的经济效益，后者有显著的学术价值。后来的事实证明，晓忠取得了双丰收。

四 自修工科

如果要推广模糊控制的应用，不仅要知道模糊控制的理论，还要懂电路，会设计模糊控制器。但包括汪教授本人在内，数学系的人是不懂电路设计的。大家都是理科生，是理论专家。汪教授的做法是招一个懂电路的人来做研究生，然后让学生把老师的理论用电路实现。通过这件事晓忠意识到，要想未来有大发展，一定要做一个既懂电路又懂理论的人。俗话说隔行如隔山，难度可想而知。这种从理科到工科的转变在北师大数学系从没有过。

晓忠的女朋友李小燕就是学工科的，她的鼓励让晓忠决定做北师大理科转工科的第一人。晓忠相信，世上无难事，只怕有心人。打定主意后，晓忠主动找到电子系的唐鹏威老师，跟他说了自己的想法，唐老师也是一位年轻人，个子不高，还略微有点发胖，圆圆的脸，浓眉大眼睛。他在介绍自己时，有时会掐着嗓子说"你看我像不像唐老鸭？"憨态可掬的样子一看就是一位非常乐观和乐于助人的人。唐老师管理一个实验室，里面到处都是电路板，电子元器件等，他对电路板的设计，单片机的应用非常熟悉，而那正是晓忠所需要的。他听了晓忠的想法后，非常支持，并且说："我对你们那个模糊数学也特别感兴趣，你教我模糊数学我教你电路设计。"晓忠和唐老师一拍即合，就这样晓忠成了当时北师大唯一一位毕业于数学系却能够设计模糊控制器的人。

相比工科毕业的学生，晓忠的理论基础更强。这让他能把一个复杂的东西说得更清楚。他开始在不同的杂志上写文章介绍模糊控制技术。有一天晓忠在自己的邮箱里收到一张纸条，上面写着"我对你介绍的模糊控制器很感兴趣，想请你加入我的公司。如果感兴趣请给我打电话，电话号码 XXXXXXX。赵之心。"就这样，晓忠第一次加入了公司，开始踏足企业界，虽然当时只是兼职的。赵之心是学体育的，不仅长得高大帅气，而且人很聪明好学，是那种敢于开拓的人。那个时候流行开科技公司，他的公司就开在北京大学的南门口。

赵总有一天告诉晓忠，他正与中国人民解放军第二炮兵洽谈一个坦克火炮控制项目，即运用晓忠掌握的模糊控制技术对坦克火炮的目标瞄准系统加以改进，达到无论目标如何移动，火炮都能自动锁定和瞄准目标。晓忠知道技术上是可行的，也知道它的价值。但是军队有一个额外的保密条款让晓忠他们最终决定放弃。保密条款有很多，其中有一条 10 年内不能出国。晓忠和赵之心等都不是军队的人，要做的事情很多，不想因为一个项目失去出国的自由。

晓忠人生第一次坐飞机的经历也是因为赵之心。那时赵总要去广东珠海和格力谈合作，因为项目是模糊控制空调机，所以晓忠必须陪同。他们先坐飞机到佛山，然后从佛山坐车去珠海。刚上飞机时，晓忠紧张得不行，踩在飞机的地板上总担心不踏实。赵总笑着安慰道："第一次吧，没事啊。"

也是赵之心让晓忠第一次上了报纸。1991 年 12 月 30 日的《科技日报》用了整整一个版面介绍赵之心的公司及其人员，特别强调模糊控制技术将在 21 世纪得到广泛应用，晓忠作为核心技术人员被采访。

晓忠还是很感谢赵之心的，是他的发现和提携让晓忠较早地进入了社会。

由于公司管理层变动和自身学业的原因晓忠并没有在该公司呆很长时间。但是这次合作却给晓忠在工业界打开了大门，结识了许多人脉。

后来，晓忠很快又被别的公司聘用，但忙于工作的同时晓忠并没有放弃学业。即使是在公司里做产品，他也会当作课题做，论文是不会少的。兼顾学术研究与公司工作是晓忠当时的理想。

多年以后，晓忠一次在电视上偶然看到一档颇受欢迎的科学健身节目，指导老师居然是赵之心。他成了电视名人。晓忠为赵之心最终回到专业上发展并取得成功感到由衷地高兴。

五 留学之梦

1989 年 3 月，晓忠受汪教授指派接待一名来自美国南加州大学年轻的副教授，他的名字叫巴特科斯可。

巴特看上去更像个博士生，白人、鼻梁很高、人也很高，但是身材匀称，是很健美的那种。据他说自己很有女人缘。他对中国的一切都很感兴趣，特别是对长城和故宫很仰慕，他在中国那段时间晓忠一直陪同。

通过几天的交流，晓忠发现外国人跟中国人在价值观以及生活习性方面真的不一样。有一次参观完颐和园后去餐馆吃饭，外宾不懂中国菜，点菜自然是晓忠负责。由于还有一位学校安排的随行司机，晓忠礼貌性地让司机点了一道菜，结果他点的是爆炒牛肚。等菜上桌后，巴特请晓忠用英语翻译一下每道菜。当知道有牛肚后巴特的眼神都变了："牛肚子里有细菌，吃牛肚就等于吃了细菌，怎么能吃呢？"无论晓忠怎么解释，巴特就是理解不了，一边苦笑一边摇头。

别看巴特年轻，他的学术成就却很高。他已在神经网络领域里发表了不少论文，受到了世界瞩目。晓忠正是从他那儿第一次认识了神经网络这一新的领域。当时神经网络在国际上已经热起来了，只是还没有在中国引起关注。

神经网络是从人脑的生理结构出发模拟人脑的研究方向，每个神经网络由很多神经元连接在一起，每个神经元的功能很简单，但是很多神经元连在一起就能很快地处理很复杂的问题。晓忠意识到，模糊逻辑是从软件上模拟人脑，神经网络是从硬件上模拟人脑，既然都是模拟人脑，为什么不把二者结合起来呢？晓忠相信把二者结合起来一定大有可为。

巴特教授只呆了几天，回去之前，汪教授跟他讨论了晓忠未来去南加大联合培养博士计划（联合培养指在国外学习在国内答辩和授予博士学位）。晓忠对未来出国留学充满了期待。汪教授的学生几乎全都安排了出国留学或访问的机会，所以晓忠觉得自己去南加州大学留学是很有可能的。晓忠从书上看到，南加州，一年四季如春，是世界华人向往的地方。晓忠心想：为什么华人都向往？有那么好吗？我一定要亲自看看。

由于汪教授的学生基本都有出国深造的机会，或为联合培养，或为访问学者，所以晓忠对此充满信心。能成为汪教授的学生实际上晓忠是有一点自豪的。有一次这种自豪感没有控制好，被某位师兄误会成了"骄傲""吹牛"，跑到导师那儿"告"了晓忠一状。因为出国留学是晓忠的一个梦想，要求加入汪教授的团队也是有这方面的考虑的，所以晓忠在内心一直就相信只要在汪教授的团队，自己将来肯定能出国留学的，出国后也定有机会遍访很多国家。一不小心在和那位师兄聊天时就说出来了"未来想去哪儿就去哪儿"。不过那时持有中国护照的确是很难做到"想去哪儿就去哪儿的"，也许是那位师兄没有晓忠这样的志向，也许他对晓忠有一点嫉妒，总之他到导师那里说，"晓忠吹牛，说自己想去哪儿就去哪儿。"两位导师都没有把这当回事，问了一下晓忠当时的情景，然后只是笑了笑："晓忠年轻气盛，以后说话注意点就行了。"

天有不测风云，就在巴特教授回去之后不久，4 月份前中共中央总书记胡耀邦去世，"89 政治风波"开始。

　　"政治风波"的中心地就是北京师范大学。晓忠也卷入了当中，游行，静坐基本天天都有，课已经停了。后来渐渐失控，越来越乱。6 月 4 日以后，大批的学生离开了北京。北京城空了很多，与之形成鲜明对比的是出城的列车上被挤得水泄不通。晓忠觉得跟风似地逃离北京不是一个明智的选择。的确，想走也走不了，因为买不到车票，与其一路受罪还不如哪儿也不去。

　　"政治风波"之后，一切与国外的交流冻结。原计划去南加大联合培养的计划泡汤。汪教授和他的学生们也都暂留在国外，继续在汪教授下面攻读博士也不可能。由此，留学之梦破裂。

六 首篇论文

"政治风波"平息后的一段时间里，晓忠也一直留在学校。有一天傍晚，雨下得很大。晓忠从小燕家吃完饭后骑车回学校。一路上只有雨声，前后看不见任何行人，也没有汽车。平时那么热闹的北三环北太平庄在这雷电交加的夜晚显得格外寂静，偶尔有一辆巡逻的军车通过，更增加了不少紧张气氛。

回到研究生楼后，情况也好不到哪里，由于学生大都离去，整栋楼基本空空如也。晓忠孤零零地坐在宿舍里，看着窗外的黑夜，聆听雨水打在玻璃窗上的撞击声，心里异常平静。晓忠想，"我为什么不利用这安静的环境做点什么呢？"

经过连续多个昼夜的奋战，晓忠在空荡的宿舍里写出了他人生的第一篇论文《神经网络与模糊逻辑》。大多数研究生在第三年才开始写毕业论文，晓忠在研究生一年级（1989年6月）开始写作到1990年发表，他比别人早了两年。该论文主要是向模糊数学界介绍神经网络，同时探讨神经网络和模糊逻辑结合的前景。由于内容与论点新颖，该论文很快被发表在权威杂志《模糊系统与数学》上，还被韩国《信息技术》杂志翻译成韩文发表。

有了第一篇就有第二篇、第三篇……。

1991年他硕士毕业时收到了一家出版社的邀请，为模糊数学丛书撰写《模糊神经网络》。晓忠那年才25岁，显然已经被业界认可为模糊神经网络领域的领军人物。可他知道自己的水平还很有限，只是比别人稍稍早走了一步。再说写书可不是一件容易的事，耗时长，内容多，还必须在业余时间完成。但晓忠知道，机不可失，也相信书出版之后，将会惠及更多人，他的学术地位也将更加稳固。小燕对此也非常支持。短暂的犹豫后，晓忠决定迎难而上。

七 工科博士

1991 年 7 月是晓忠理科研究生毕业的时间。毕业没有问题，去哪儿才是问题。

由于那时国内经济建设一片红火，外资公司也给出了高于国企、民企很多的工资，很多毕业生不再选择继续深造而是选择参加工作。晓忠也动摇过，给老家哥哥打电话谈及自己的想法，哥哥一席话让他定了心。哥哥说："早点工作就是为了早点挣钱。现在家里情况还好，早点晚点工作没什么意义，但是未来有一天你发现你没有一个博士学位再想去获得一个就不会那么容易了。"晓忠不想做后悔的事。

由于晓忠在一次国内神经网络的学术会议上的精彩报告得到了北京邮电大学刘泽民教授团队的欣赏，在得知晓忠的境遇后，刘教授向晓忠伸来了橄榄枝。就这样，晓忠进了邮电大学 91 级的博士班，专注于模糊系统与神经网络的研究。当时的晓忠心里始终有些遗憾，自己可能再也不能去梦中的南加州留学了，再也没有机会去亲自体验为什么南加州是世界华人向往的地方了。但是怨天尤人不是晓忠的性格，珍惜已有，适应现在才是他的本色。

在北邮博士一年级，除了上课之外，晓忠把大部分时间用在写书上。北邮外边有一条风景如画的小月河，河边翠绿的垂柳婀娜多姿，各种鲜花竞相绽放，是晓忠和小燕晚饭后常去散步的地方。为了完成写书的计划，晓忠和小燕都明白他们必须牺牲一些花前月下的时间。晓忠还记得在那大半年的时间里，每天晚饭后，总是自己独自走向实验室，直到很晚才回来。

功夫不负有心人，晓忠的书在 1992 年完稿，出版社耽误了一些时间直到 1994 年才正式出版。书的扉页上印有晓忠的照片及介绍，序言是一位日本学者高木英行先生写的。书带来的影响晓忠并没有什么感觉，因为晓忠 1996 年就出国了。多年以后上网搜索才知道，该书已被各图书馆收藏，被无数学者引用，还被一些大学选为研究生的教材和课外读物。

忙于学业和科研的同时，晓忠也没有怠慢生活。1992 年 12 月，晓忠和小燕结婚了。没有新房，就把同宿舍的另一名博士班同学调剂出去当新房；没有双人床，就把两个铁架子高低单人床合并；没有厨房，就吃食堂或在楼道里用煤油炉做饭；没有婚礼，就请了几个同学朋友在宿舍里简单热闹了一下。那个时候晓忠的家人都在湖北，过来不方便也没有必要，虽然一切都非常简单，但是晓忠和小燕都不觉得委屈，反而感到很幸福。

除了学生和丈夫，晓忠还有第三重身份，他开始进入社会工作。本科生当当家教，博士生有更多选择。那时模糊控制器受到工业界的重视，有一家公司出资金让晓忠研制用于塑料生产的温度模糊控制器，所以收入不是问题。那个时候大部分单位还是计划经济体制内的工资，晓忠作为一个学生已拿到了市场经济的待遇，出门时有伏尔加（老款苏联制造的小轿车）接送，腰间也别起了 BB 机，还是很让同学们羡慕的。

刘泽民教授是一位身材清瘦，头发灰白的老人，不爱抛头露面，普通话也不怎么好。但是他做事非常踏实，对晓忠更是和悦有加。他相信晓忠的能力，给与了晓忠很多的自由和便利。他常说，一个人的最高学术成就一般都是在博士期间创造的。这应该是刘教授对晓忠的鼓励，晓忠对此很认同。博士以后的生活的确会不一样，需要更多地考虑家庭、工作及其他社会活动，精力也会走下坡路，自然在学术上的钻研就少了，所以晓忠非常珍惜博士学习的这几年。

晓忠在博士期间，不仅完成了博士论文，还出版了专著。他的博士论文被答辩委员会一致评为北京邮电大学优秀博士论文。在答辩委员会的赞扬声中晓忠看到了导师刘教授满意的笑容。作为学生，晓忠知道这就是对导师最好的回报。

八 大赛获奖

就在晓忠博士毕业前夕，第二届中国大学生应用科技发明大奖赛在北京亚运村召开了。

受团委的委托，晓忠带上自己的模糊控制器代表北京邮电大学参赛并获得三等奖。当李岚清副总理代表国家领导人来到现场慰问视察时，他正好选择了晓忠的展台，在20几台摄像机和闪光灯的瞄准下，晓忠给李岚清副总理简单介绍了一下自己的发明。只有几分钟的时间，一切来得很突然，晓忠也并没有太放在心上。

所以，当邮电大学的党委王书记第二天带着一行人来到亚运村展台时，晓忠吃了一惊。第一晓忠跟学校领导没有什么交往；第二晓忠知道北邮的主流是通信，而自己所研制的东西在北邮是非主流的，领导是不会重视的。王书记是代表校领导来看望大家的，并问了晓忠有什么困难和要求。那时晓忠已经联系好了到中国科学院计算所做博士后，所以啥要求也没提。晓忠正纳闷时，团委的老师告诉晓忠："昨晚的中央电视台新闻联播播放了李岚清副总理参观北邮展台和你对话的场景，你给北京邮电大学增了光。"副总理都来过了，校领导能不来吗？原来是这么回事。

回到学校后，晓忠又被请去见新上任的系主任。林金桐主任在英国留学多年，刚回国，正踌躇满志。林主任准备改革，走与市场开发相结合的道路，正在筹备开发公司，想请晓忠留校并任开发公司经理。

如果晓忠接受了邀请，那么晓忠的人生一定是另一番景象。晓忠当时其实非常认同林主任的想法。后来，林金桐果然担任北京邮电大学校长多年。对未来早就有其它规划的晓忠就这样带着一些不舍去了另一个更高的学府，中国科学院。

九 进中科院

当时国家的政策特别偏向于留学生，其次就是博士后。仅仅是博士毕业在待遇上要给前两者让路。比方说，北京气象学院就发生了这样一件事。某系已经决定了把唯一的一套房分配给即将留校的某博士毕业生，后来系里又进来了一位洋博士（留学归来），系里就改了决定，把那套房子先分给洋博士，土博士（国内培养）就没房了。直到半年后又出来一套房才分给土博士。这个事情对晓忠的触动比较大，心高气傲的他决定既然不能出国就做博士后。

晓忠早就打听清楚了，条件最好的博士后流动站当属中国科学院计算所内国家智能计算机研究中心。中心的主任是李国杰教授，刚留美归来就受到国家科委的重用，他带学生的理念和思想一定更加开放。中心的科研经费充足，每年有 1000 万元，平均每个人有 20 万的科研经费，那时在大学里一个教授能申请 2-3 万的自然科学基金就很不错了，中心的软硬件环境与国外不相上下，而且出国学习开会的机会要比大学多得多。这么好的环境，报名的学子自然很多，竞争很激烈，但是这对晓忠倒没有什么影响，因为他的履历太突出了，李教授只和晓忠谈了 10 分钟的话，就说："你来吧。"

在智能中心做博士后期间，晓忠感到科研环境与气氛真的与众不同。李老师并没有给晓忠定一个专门的课题，所以晓忠的研究是自由开放的。晓忠分析了自己的情况，自己的研究已经在国内走在了前列，但是还没有走出国门。下一个目标应该是建立自己在国际上的影响，包括在国外杂志发表论文和到国外进修。这和李教授的要求是一致的。晓忠把自己的研究成果翻译成英文寄到国外杂志，尽管内容很好，但是大多没有被主流杂志接受。这里除了英语的问题，后来出国后才知道还有一些地域上的歧视，晓忠当时的确蛮气馁的。

虽然晓忠想要建立国外影响力的事情没能如愿，但是晓忠在国内的事业蒸蒸日上。1995 年李晓忠参与组织第 4 届国际青年计算机科学家会议，并担任会议论文集总编辑；李晓忠还担任了 1996 年英语期刊《Advanced Software Research》特刊的总编辑；他被聘为中国模糊工业产品标准化委员会委员，还被邀请加入旨在为北京市政府制定第 9 个 5 年规划的模糊技术产业规划的 6 人专家组。1995-1996 年，科协组织了几次青年科学家论坛，晓忠是受邀参加的最年轻的科学家，他是到场的唯一一个年龄在 30 岁以下的科学家。

他逐渐受到了媒体的关注。《科技日报》的记者采访了他，并邀他为该报撰文。其文章《智能模糊控制系统》发表在 1996 年 3 月 13 日的《科技日报》上。报社特意配了编者按"本文作者系我国自己培养的著名青年模糊技术专家，参加了北京市九五规划。"

正是该文的发表让晓忠受到了联合国教科文组织驻京办的重视。他们派专员主动联系晓忠，表示对晓忠的研究很关注，愿意无偿为晓忠提供经费。这件事让晓忠感觉自己的事业前途光明。

当联合国的经费主动送到计算所时，连李国杰教授都禁不住好奇地问晓忠是怎么做到的，毕竟成功申请到科研经费是一件很不容易的事,何况人家主动送上门。

十 走上春晚

1995 年底，原国家科委（后改为科技部）决定与中央电视台合作，在 1996 年春节联欢晚会上推出一个节目以庆祝国家 863 高科技研究计划 10 周年。

863 计划是由国家科委牵头国家给与重金支持的专门跟踪研究国外高科技的研究计划。研究队伍分散于全国各地，由于计划开始于 1986 年 3 月，故得名 863 计划。

1996 年是 863 计划满 10 周年。在这 10 年里，863 计划取得了丰硕的成果。国家科委希望借春节联欢晚会这个大舞台给全国科学家拜年，同时也向全国人民宣传一下这个对我国科技发展至关重要的科研计划。

春晚导演组设计的节目是在北京现场由一组参加过 863 计划的科学家拉小提琴，在上海的现场由周小燕、程不时表演激光琴，合奏的曲目是《流光溢彩》。

晓忠所在的智能中心是 863 计划重点支持单位，跟国家科委联系很紧密。晓忠是这里为数不多的会拉小提琴的专家之一，因而被选中。

该项工作虽跟专业没有多大关系，但是每隔一天的排练，却让晓忠和来自其他科研单位的科学家们建立了纯真的友谊与感情。任职清华大学自动控制系主任的胡东成教授和晓忠成了莫逆之交。当了解了晓忠在模糊控制领域取得的成绩后，胡教授主动邀请他在博士后出站后加入清华大学任教。在排练的间隙，晓忠有机会认识了很多明星，比如马季、陈思思、赵忠祥、倪萍、朱时茂等。虽然科学家乐队的专业水平比不了其他的专业演员，但是大家都对科学家乐队表示很好奇也很尊重。

科学家乐队有老有小，穿清一色的深蓝色西服，既漂亮又庄重，给了演员们很深刻的印象。正月十五后，国家科委举办了一个小型的答谢和庆功会，总导演张晓海率领文艺部的导演们和科学家乐队在北京某餐厅聚会。

席间有一个喝交杯酒的游戏，那就是电视台的成员和科学家乐队成员喝交杯酒，男女搭配。晓忠被一致推荐为科学家的代表和电视台最漂亮的女导演喝交杯酒，不仅为科学家乐队撑起"门面"，也给大家带来了很多乐趣。

由于参加春晚的演出，晓忠直到初二才回家，错过了全家人大年三十的团圆饭，但是全家人都在电视上看到了他，虽然镜头不多，家人还是为晓忠感到很自豪。

十一 走出国门

尽管晓忠在国内的发展很顺利，但是成为国际性学者之路却举步维艰。

在主持青年计算机科学家会议期间，晓忠有机会和一些从国外回来的留学生代表一起进行学术交流。由于大会的官方语言是英语，那些从国外回来的中国留学生在演讲时英语说得噼里啪啦给了晓忠很深的印象，而自己以及其他国内的代表，整体在说的功夫上就差了一大截。再加上留学生们在国内代表面前有意或无意显露出的优越感，让晓忠多少感到有些自卑。

晓忠知道，出国留学不仅是对语言有帮助，更重要的是能增长见识。当一个人见多识广的时候，他自然就有超出常人的自信与优越，没有出国留学在晓忠心里成了很深的遗憾。就在晓忠为此叹息的时候，机会来了。

1996 年春节前夕，晓忠收到了一封来自比利时的挂号信，是比利时核研究中心的比籍华人研究员阮达寄来的。

信很短，大意是邀请晓忠到比利时做访问学者，为期 10 个月，一切费用由比利时出，包括来回机票、生活费、住宿费、医疗保险等。听起来挺好的，特别是与那些自费出国的相比较的确很不错了。

晓忠没有多想，立即就给所里打了报告，申请出国。虽说管理研究生的教育处有点意见，但是李国杰教授很支持，所以手续办起来还比较顺利。

晓忠也纳闷过，"自认为在国际上没有什么名气，和阮达素昧平生，他为什么会找到我呢？"

后来才知道，阮达是复旦大学数学系的高材生，后在比利时根特大学获得博士学位后留比工作，并娶了一位当地姑娘成家，办理了移民手续。阮达在比利时核研究中心一直想做把模糊控制技术应用到核反应堆的研究。他遇到了同样的问题，他懂理论但不懂如何实现，他认识的圈子也都是理论数学家。

有一次在日本的学术会议上，阮达遇见了来自国内的一些代表，表达了自己想从国内找一个既懂模糊数学又能做模糊控制器的人的想法，他们就自然想到了晓忠。晓忠当初下决心跟唐老师学习电路设计的努力再次得到了回报。

1996年5月李晓忠在人生道路上迈开了重要的一步，第一次乘国际航班飞到了欧洲中心比利时，开始了游学欧美的生活，也实现了自己的留学之梦。

十二　留比学人

比利时王国，位于欧洲西北部，东与德国接壤，北与荷兰比邻，南与法国交界，东南与卢森堡毗连，西临北海与英国隔海相望。

比利时是高度发达的，是世界上工业发达的资本主义国家之一，各种特色的旅游景点遍布全国。首都布鲁塞尔有着号称全欧最美丽的大广场，欧洲最古老的购物街 Galeries St.Hubert 也在此地，广场上有世界闻名的「尿尿小童」铜像；还有闻名于世的滑铁卢古战场。北部港口城市安特卫普是著名画家鲁本斯的故乡，世界上许多美术馆都陈列着他的杰作；南部的山城那慕尔有许多别具风格的城堡；著名的阿登山高地的丘陵和森林是享受大自然的胜地，也是冬季滑雪的好地方。比利时是一个非常富有诗情画意的王国。

比利时核研究中心坐落在安特卫普市东北角的一个乡下小镇上，小镇名叫摩尔，虽说是乡下，但和国内的乡下不一样。比利时是一个非常发达富裕的小国，城乡差别很小。说它是乡下，因为门口就是农田，但是它有街道，有高速公路，有火车站，出行还是非常方便的。比利时的高速公路是最有名的，因为只有它的高速公路全部配有路灯。那时候大家都说，航天员从太空看地球，能看见两条长龙，一是中国的长城，另一个就是比利时的高速公路。无论真实与否，它说明了比利时的富裕，这也与比利时的低电价分不开。比利时的核电特别发达，国家又小，电费特别便宜，以致于当晓忠习惯性地关灯时，常被告知没必要，大家都没有关灯的习惯。

比利时 1 号核反应堆就安装在研究中心的院子里。什么是核反应堆？我们知道原子由原子核与核外电子组成。原子核由质子与中子组成。当铀 235 的原子核受到外来中子轰击时，一个原子核会吸收一个中子分裂成两个质量较小的原子核，同时放出 2—3 个中子。这裂变产生的中子又去轰击另外的铀 235 原子核，引起新的裂变。如此持续进行就是裂变的链式反应。链式反应产生大量热能，用循环水(或其他物质)带走热量才能避免反应堆因过热烧毁。这个过程导出的热量可以使水变成水蒸气，推动气轮机发电。这就是核电。由此可知，核反应堆最基本的组成是裂变原子核+热载体。但是只有这两项是不能工作的。因为，高速中子会大量飞散，这就需要使中子减速增加与原子核碰撞的机会。核反应堆要依人的意愿决定工作状态，这就要有控制设施。

简单地说，控制设施就是一个控制棒，控制棒是由特殊材料组成，它能吸收中子。控制棒插入反应堆的深浅，就可以控制里面的温度。控制棒插入的越深，它吸收的中子就越多，用于裂变的中子就越少，从而温度就降低。反之，控制棒插入的越浅，吸收的中子就越少，用于裂变的中子就越多，温度就越高。温度控制不好，反应堆是很危险的。

传统的控制方法是开关控制，即当温度高于某设定值时，控制棒向深处插入；当温度低于某设定值时，控制棒向上抽出。至于插入多少或抽出多少，是不知道的。所以控制系统老是处于开关状态。如果是人来控制显然不会这样，人会像控制空调器一样实行一些简单的操作就可以把温度控制得既准确又柔和，因为人用的就是基于模糊逻辑的模糊思维。

阮达的课题就是要用模糊控制替代传统的开关控制。这不仅要求项目团队懂得模糊控制算法，懂得模糊控制器的制作，更重要的是还要和现有的反应堆的控制系统完美结合。这项工作还很有安全风险，所以阻力也是很大的，每一步的行动计划都必须经过多方认证。

摩尔市虽然小而偏，但是核研究中心毕竟是国有大单位，所以吸引了不少人才。科研人员大部分是来自欧洲其他国家的，如法国、德国、丹麦、波兰、捷克、斯洛伐克、俄国等，也有少数来自亚洲国家的，包括中国，日本，韩国等。

研究中心给这些人提供集体宿舍，每个人有自己独立的房间和淋浴间，厨房和卫生间共用。厨房就是大家常聚集聊天的地方，简直就像个国际俱乐部。华人也有几位，有自己的小圈子。由于寂寞，华人圈子也经常在一起开派对。在晓忠到了比利时两个月左右后，和大家也就混熟了。

比利时核研究中心是个大单位，中国人也有一些，也成立了中国学人学者联合会。联合会就像个党组织，和大使馆是有联系的，经常组织一些活动，比如打乒乓球、包饺子等。

有一天几个来自内地的中国人都告诉晓忠："你太亏了，访问学者在这里和那些实习的学生在待遇上没区别，你堂堂一个博士，太不值了。"的确，访问学者跟正式员工相比，收入低的可怜。可晓忠并没有抱怨，还是很感谢阮达提供的这次出国机会。晓忠知道自己并不是为钱来的，自己是为了更好的发展，机会才是最重要的。

十三 奴隶将军

在晓忠认真工作并逐渐取得进展时，有一天另一个部门的中国人在吃午餐时告诉晓忠一个消息："现在研究中心正在招聘10位青年科学家，也是博士后，享正式员工编制与待遇，首次签约两年。其中阮达也有一个名额。你为什么不申请呢？网站上都贴出来了。"晓忠听了这个消息，是既兴奋又失望。兴奋的是机会终于来了，失望的是，阮达作为老板为什么没跟他说呢？显然阮达心中期望的人不是晓忠啊。

不管什么原因，晓忠决定主动出击。他去见阮达告诉他自己想报名申请那个博士后位置。阮达并没有阻止，只是告诉晓忠，前面连续3年都没有人获聘成功，因为决定不光是他说了算，应聘者必须通过从各大学邀请来组成的10人雇用教授委员会的答辩。而且那时比利时的失业率非常高，工会闹得厉害，强烈反对雇用外国人。在前三年有几个人被阮达看中了，但是他们无一通过教授委员会的答辩。阮达对此非常失望，甚至有些气馁了，毕竟招不到人项目就不得不推迟。晓忠说："你让我试试吧。也许我是你的福将，能把好运带给你。"

晓忠虽说是从国内出来的，语言也不怎么样，但是他毕竟是顶尖的学者，只是需要一个平台去展示。果然，经过两天的答辩，就在门外工会热闹的游行示威活动中，教授委员会最终决定还是录用晓忠。

教授委员会的评语是，"李是数学家又是工程师，他让我们信服他能胜任这个工作，而且在比利时国无人可替。"由于外国人不会说晓忠的全名，就简单地叫他李。当阮达获知这个消息时，已经是礼拜五的 5 点了。他非常激动地对晓忠说："祝贺你，你通过了，也谢谢你。"晓忠也很激动，他明白阮达的每个字的意思。晓忠的这次胜出不仅给阮达作为一个中国人长了脸，同时也会给他带来更多的科研经费。阮达还说："我已经通知了其他所有中国人，6 点半在河边的酒吧开个庆祝会。你买两轮（前两杯酒），其余我买。"当地中国学生学者联合会主席老高说："晓忠的这次成功相当于从奴隶到将军。"老高这么说是因为他是来了好几年的老访问学者了，深知访问学者的窘迫处境。

　　总之，晓忠的这次晋级，似乎不仅仅关乎他个人，也是给中国人争了面子。

十四　夫妻团聚

由于待遇的改变，晓忠搬出了集体宿舍，搬进了条件更好的公寓，买了车，准备接夫人李小燕到比利时团聚。当时办理出国手续是一件很繁琐的事，出国得有护照，护照就是身份证件。在国外那是一件很简单的事，可是在国内就不一样了。

夫人告诉晓忠她需要摩尔市警察局出具一份证明，证明晓忠居住在那儿，有条件接夫人过来。当晓忠跑到摩尔市警察局要求帮忙时，人家倒是很友好，一边给开证明，一边说："你们中国人办身份证件，应该找你们的政府，为什么还要麻烦我们呢？"说得晓忠无言以对。这从一个侧面说明了那时国内与国外的差别有多么大。

夫人过来后，晓忠不再形单影只，生活更有了保障。由于欧洲国家都不大，所以他们常开车出国开学术会议或旅游。

从晓忠住的地方，开车半小时就到了荷兰，开车一小时就到了德国，开车四小时就到了法国的巴黎。荷兰的郁金香、德国的科隆大教堂、法国的塞纳河、捷克的布拉格等地都留下了他们的身影。

有一次他们开车去捷克开会，需要从西向东横穿德国。一路上见证了东欧和西欧的差别。树和草的颜色在往东的方向上逐渐由绿变黄，房屋也逐渐变得破旧，显示了西欧的富裕和东欧的贫穷。欧洲历史悠久，到处都是景点。欧洲的建筑给了晓忠深刻的印象，那里的建筑大都是砖石的，很是结实，配有精美的石雕和油画，显得特别富丽堂皇、高贵和大气。除了建筑，还有各色各样的人、语言和文化，都让晓忠大开眼界，增长了见识。晓忠感到出国后真的是到了另一个"世界"。

十五 再创佳绩

在体验欧洲生活的同时，晓忠的研究工作也在不断取得好的成绩。

首先是核反应堆的模糊控制器的设计与安装。晓忠一共做了两套。其中一套是可移动的专门用于示范的模拟核反应堆模糊控制系统。该套系统的模糊控制器是真实的，只是控制对象不是真的反应堆，而是一个水位调节系统，用控制水位来模拟控制反应堆的温度可以更安全地演示核反应堆的模糊控制原理。由于它的可移动性，可观赏性及安全性，该套系统在帮助管理层理解核反应堆的模糊控制的方法及最终批准实体安装与实验上都起到了巨大的作用。

所谓"百闻不如一见"，说得再好不如演示给大家看。阮达每两年组织一次关于模糊逻辑与核科学的学术讨论会，该演示系统被移到会场做展览，获得了空前的曝光率，该模拟系统还被印在了会议发放的名信片上，飞向了世界各地。模糊数学创始人扎德教授亲临现场参观，晓忠给他当面讲解。后来该系统被移到核研究中心的橱窗里供参观和教育使用。

模拟装置被充分认可后，模糊控制器被成功安装在比利时 1 号核反应堆的控制室里，并完成了一系列科学实验。当然那不是一件简单的事，对安全性要求极高，需要很多当地技师们的配合。一个来自中国的年轻人不到两年就成了核心控制室的"发令人"，从被"瞧不起"到"打成一片"中间经历了很多故事。

当比利时华人学生学者联合会邀请晓忠为他们的杂志《留比学人》撰稿时，晓忠写的就是他和当地技师们的故事。文章名叫《SCK 的技术师们》（SCK 是比利时核研究中心佛莱芒语的简称）。

文章发表后，晓忠逐渐受到了比利时华人团体的关注，特别受到了中国驻比利时大使馆的关心。自此以后，每逢过年过节有慰问活动，大使馆都会邀请晓忠夫妇参加。后来有次去法国旅游，中国驻比利时大使馆就给中国驻法国大使馆打电话让他们直接住在大使馆的招待所里。

核反应堆的模糊控制器的实现，无论在模糊数学届还是核科学界都是一项极大的创新，引起了很大的反响。比利时核研究中心因此受到了空前的注目，很多人慕名来参观学习，包括专业的和非专业的（当地的学生和百姓）。阮达将其中的技术还申报了三项欧洲专利。该项工作被评价为比利时核研究中心研究史上一个重要里程碑。

欧洲人的生活节奏相当慢，不鼓励加班，周末不工作，连很多商店周末都关门，鼓励的是休假。晓忠的实验必须要和当地技师们的日程表一致，所以实验之外还有很多空当的时间。晓忠就利用这个时间继续自己在模糊神经网络的研究。理论研究的好处是自己一个人就可以，也不需要什么硬件设备。由于在国内时研究已有基础，所以进展很顺利。在阮达对英文把关的基础上，晓忠的几篇论文以系列的形式在国际模糊系统协会的官方杂志《模糊集与系统》上相继发表。晓忠设计的"模糊神经元与系列算法"，开拓了一个用模糊神经网络解模糊关系方程的学术方向。系列论文的发表奠定了这一学术方向的实体，成了这一领域的开创性的工作。李晓忠的这些卓有成效的工作，被国际同行收入到他们编写的教科书中，被评价为"值得尊敬"的研究成果。晓忠还很顺利地发表了其他很多文章，国内那个"难发表"随着地方的变换再也不存在了。晓忠真的体验到了人们所说的地域歧视，不禁为国内那些有真才实学却遭遇这种地域歧视而次次退稿的学者感到憋屈。

十六 首访美国

　　1997 年，晓忠的一篇论文被美国纽约某学术会议接受，晓忠收到了大会组委会的邀请去参加会议并作报告。在纽约，夫人小燕有几位好朋友，所以晓忠准备携夫人前往，在开会之余顺便拜访老友。

　　那个时候去美国的签证是很难办的。晓忠很早就听说过，在北京美国大使馆每天都有数以千计的学生排队等候签证官的面试，但是得到签证的却寥寥无几。晓忠在国内时没有去凑那个热闹，所以也没有体会那个苦。

　　在比利时，很多中国的留学生也是希望下一站就是美国，他们把比利时当作跳板，先在比利时一所大学呆下来，然后找一个开会的机会去美国，到了美国之后就不再回来了。晓忠认识的一位王姓同学，当时在根特大学读博士，他也获得了一个到美国开会的机会，跟导师也打好了招呼，准备到了美国就一去不复返。可是当他做好一切准备到美国大使馆申请签证时，签证官就好像知道他心里的想法似的，以具有"移民倾向"拒绝了他。后来他又试了几次都失败了，到最后年龄也大了不得不遗憾地回国。因为他是阮达的师弟，所以晓忠跟这位同学也很熟。

　　由于王同学的经历以及其他真实的故事，晓忠着实担心到美国的签证被拒绝，更何况还带家人一起去且不更有嫌疑？可是晓忠又想："我确实没有移民的打算，他们凭什么怀疑我呢？不管怎么样，这么好的机会我一定去试一下。"就在晓忠准备回答签证官一大堆问题时，签证官却出奇地友善，说道："明天来取签证吧。"晓忠感到意外地高兴，觉得美国也没有那么遥远和可恨了。

后来到了纽约，晓忠和妻子在友人的陪同下参观了自由女神像及美国世贸中心（双子塔，在2001年被恐怖分子挟持的飞机撞毁）。抬头看是耸入天空的摩天大楼，彰显了美国的现代文明与发达，低头看大街上各种肤色的人都有，晓忠就对小燕说："他们都能在美国，我们为什么不呢？"

晓忠两口子对在美国短暂的停留还有一个很深切的感受，美国是一个移民国家，各色各样的人都有，没有人会拿你当外国人看。而在比利时乃至整个欧洲，中国人在那里很明显就是外国人，种族歧视比较明显。从那时起晓忠下定了决心还是要来美国，那已经淡忘的"南加州之梦"又冒了出来。

十七 获聘美国

从美国回来后不久，晓忠收到了来自美国移民中介公司的一个电话（也不知道他们是怎么得到晓忠的联系方式的），中介公司问晓忠是否愿意移民美国，他们可以按"杰出人才"帮晓忠一家快速获得美国绿卡，而人不必在美国工作。

虽然晓忠拒绝了中介公司，但是晓忠却因此获得了一个信息，"我可以办理杰出人才移民"。同时他也进一步感受到了美国吸引人才的政策有多么强大。

后来晓忠想明白了，那时晓忠的简介已经被录入英国剑桥出版的世界名人录，中介公司也许会从中挑选合格的人来开拓业务。

1998 年 2 月，晓忠从网上看到了一个招聘启事，美国新墨西哥州的一家金融服务公司招聘数学模型科学家，因为和模糊逻辑和神经网络也是相关的，他立即用电子邮箱投递了简历，没想到美国那边第二天就回信了。

阮达也很支持，并且作为推荐人说了很多对晓忠的赞美之词。合同谈得很顺利，电话面试就可以了，美国这家公司除了付给晓忠比比利时更高的工资，还给出搬家费及全家人的机票等。可是晓忠当时的合同要等到 1998 年 10 月底结束。晓忠是一个守信用的人，并没有为了高工资提前离开比利时，幸运的是美国公司也同意等他 8 个月。其实推迟入职时间是很有风险的，因为美国公司变化很快，今天招人明天也可能裁人。晓忠的工作机会完全有可能在这 8 个月时间里被别人抢走。

后来到了美国后，同事们告诉晓忠，期间公司的确经历了资金困难，但是老板还是决定保留晓忠的名额。也许是老板也是守信用之人，也许是老板认为晓忠是个难得的人才。每当回忆起此事，晓忠就感觉当初自己真是"初生牛犊不怕虎"。

好在好人有好报。晓忠"获聘美国"的消息在比利时核研究中心成为了一个新闻。由于等待时间长，难免会有机会遇见很多人。每次对方都会对晓忠说："哦，你要去美国了。"当时其他的国际学生，包括来自俄罗斯的、阿根廷的等都效仿晓忠往美国投递简历，可惜都没有成功。晓忠能感受到他们对他那无可奈何的羡慕。

十八 休闲在比

　　身处比利时这个悠闲的大环境中，晓忠也会在工作之外去旅游、打网球和钓鱼。

　　比利时是欧洲的中心，欧盟总部就在比利时。比利时的安特卫普还是世界钻石加工中心。比利时的很多城市以及小镇都很有特色。比利时的巧克力与啤酒都很出名，还有各种博物馆与公园，所以旅游是不可少的项目。旅游自然还伴有美食。海鲜、奶酪都是必尝的美味，就连这里的比萨也不一样。晓忠至今还难忘在比利时南部法语区某个小镇上吃过的比萨，又厚又软，尤其是上面的一层厚厚的奶酪，在热气腾腾上桌时，用餐刀先切割，然后用手试图拿走一块时，会带起很多粗细不均的奶酪丝来，再咬上一口，滋滋地冒口水。

　　比利时雨天比较多，所以土地肥沃，到处都是黑油油的土地加绿色的草坪。但是雨不会持续太长，即使晴天时阳光也不那么强，适合户外活动。网球在比利时是比较普遍的运动，晓忠也喜欢上了打网球。欧洲人网球普遍打得好，就像中国人乒乓球普遍打得好一样。网球都是结伴而行的，那时晓忠的球伴是一位来自斯洛伐克的像模特一样的女子，往球场上一站就是一道美丽的风景。

　　比利时的河比较多，鱼也多，都看得见鱼在水中游。也许是比利时人不吃河里的鱼的原因才使得鱼都泛滥了吧。晓忠和夫人如果在周末不出去旅游，在天气比较好的时候，就会去钓鱼，每次都收获不小。回去之后大的炖鱼汤，小的喂猫，很是惬意。

除了钓鱼，他们还经常去邻国荷兰钓螃蟹。

荷兰位于欧洲西部，东面与德国为邻，南接比利时。西、北濒临北海，地处莱茵河、马斯河和斯凯尔特河三角洲。荷兰国土南北最远端相距约 300 千米，东西最远端距离约 200 千米，总面积为 41864 平方千米。沿海有 1800 多千米长的海坝和岸堤，海岸线长 1075 千米。

晓忠夫妇向当地人学会了钓螃蟹的方法。其实很简单的。准备一个桶和一根绳子，去超市买一些鸡肉，将鸡肉绑在绳子一端，然后将鸡肉丢到海里，落地，手里握紧绳子的另一端，两三分钟后慢慢提起绳子，就会欣喜地发现鸡肉上面是一串鲜活的螃蟹，把螃蟹提上来之后直接放在桶里，抖一抖绳子，螃蟹就从绳子上落下来，继续把带有鸡肉的绳子丢进海里，重复这样的操作，半小时就会收获小半桶螃蟹。

偶尔晓忠也写点东西，记录一下比利时的生活。下面这篇散文就是晓忠当时发表在 1997 年的当地电子刊物《留比学人》上的文章。作者李小忠即李晓忠。

SCK 的技术师们

李小忠

　　来比工作快一年了，虽然说有很多感受，但最令我难以忘怀的是我身边的技术师以及因工作需要和他们相处的那些日子。

　　记得刚来的时候，我对这儿的工作环境并不适应。比方说，语言问题（这儿的语言佛莱芒语）、工作习惯与方式问题，等等。我感到最缺少的是与其他人的交流。没有交流就没有信息，为此我很着急。在楼道里我经常看见的是一些身穿白大褂的人，他们或三三两两，或独自一人，非常频繁地在我的视野中出没。粗看他们似乎很忙碌，细看才发现他们很逍遥。我曾想和他们聊聊，但是因为语言问题和缺乏适当的机会，总难以如愿。后来有人告诉我，他们大都四五十岁左右，有永久合同，技校毕业，身份为技师（technician），有一技之长，都曾经为 SCK（见注 1）做出过贡献。但是，随着信息与科学技术的发展，他们的专业知识变得相对落后。他们越来越不被重视。新来的年青人大都要求有大学或以上的学历，因而技术师们的学历最低。但这不是他们的过错，因为当他们年轻的时候，技校毕业就足够了。由于学历最低，因此工资级别也最低。出于自身利益的考虑，他们大都参加某个工会，有的还是工会的负责人。我与他们的接触从我来到比利时就开始了。

当头一棒

　　正当我这个新来的中国人踌躇满志的时候，突然间当头一棒把我打回到冷酷的现实生活中来。

那是一个阳光明媚的星期一的早上。我刚进办公室，包还没放稳，这时老板从隔壁的办公室走来，脸拉得很长，看来有什么事情要发生。果不其然。有没有用"你早"之类的话作开场白我已不记得了，但我清楚地记得他说："我跟你们说过多少次了，如果你们要用什么东西请跟我说，我去给你们要，不要自己去拿。如果我不在你们最好问问人家……"老板一席话弄得我丈二和尚摸不着头脑，心想我啥也没做啊！虽说"心底无私天地宽"，可凭白无故地在这大星期一的早上受这一顿教训实在觉得冤枉。再看老板原本也是一个文质彬彬的书生，现在因生气脸憋得通红，我猜想他一定也受了别人的气。等平静下来后，他给我看了一封通过 E-mail 发来的短信，信是路克今天早上发来的。路克是所有技术师们的老板。他在信中很不客气地说："你的两个十大眷（见注 2）目中无人，就象上帝一样，想拿什么东西就拿什么东西，从来不和任何人说一声……"其措辞之激烈令我瞠目结舌，同时也感到气愤填膺。都说老外很懂礼貌，我看就不见得。不仅如此，他们还会这样一项本领，那就是往你头上泼污水……岂有此理！

每当我生气的时候，我总是喜欢注视窗外。这时我发现天不知什么时候变得阴沉起来。瞧这比利时的鬼天气！

上午十点钟的时候，我们终于弄明白了是怎么一回事。我们另外一位十大眷（中国女学生）周末做实验的时候就近从身边的柜子里拿出一个量杯用作舀水的工具。本来量杯是公用的，而且当时是周末，整个楼就她一人，所以她用量杯是没有问题的。问题就出在她在临走前忘了把量杯放回去。结果那天早晨负责管理这些量杯的技术师（后来我知道他叫保罗）发现了这个杯子，他以此为由，在他的老板面前告了我们一状，就闹出这些事端来。

事后我想，这件事说明有一部分人（至少保罗和路克在内）

对我们中国人有意见（虽然我并不知道究竟是为什么）。否则不至于为了这么一点区区小事而大动干戈。这件事同时也提醒我以后事事小心为妙。

但从此以后我再也没有当初对这些技术师们的感觉了，心想还是"敬"而远之吧。

为你工作

然而事情的发展并不如我所愿。几个月后我得到了一个博士后的位置。有了正式合同，这当然是一件好事，但同时也使我必须主动和技术师们打交道。因为我的研究项目是把模糊控制这一新技术应用到核反应堆的控制上来。这意味着我必须和负责机械加工的、负责电气电路的、负责操纵控制棒的、负责材料的等几乎所有方面的技术师有所接触。当然先得和他们的老板路克接触，他下了命令后技术师们才可以跟我干活。我虽然有点不情愿，也只好硬着头皮上吧。

首先我给路克打报告提出了第一个要求，即对旧有的电路进行适当的改造，增加新的用于模糊控制的电路，使得新旧两套系统既可独立工作又可统一成一个新的大系统。路克把指令下给了杰夫、义夫波特斯及其他人。

杰夫四十岁左右，小个子，幽默风趣，英语很好。他特别喜欢狗，他家就有 17 只狗。他经常带着他的狗参加各种展示会，得过很多冠军称号。当今比利时国王阿尔伯特二世的父亲即阿尔伯特一世在位的时候，杰夫的一只狗被要求作为礼物送给来访的美国总统，他还被请去参加了赠送仪式。他认为这是他在养狗方面得到的最高荣誉了，有关的报导和图片就贴在他的办公室的墙上。此外，杰夫还是这儿工会的主席。也许是他的活动太多了，因此他对本职工作反而没有太大兴趣，总是在不得不做的情况下才从陈年柜子里翻出有些发黄的图纸，看了半天后说："我去问义夫波特斯。"

义夫波特斯是SCK最出名的技术师了。记得有一次在别的部门为某一个技术问题请教那里的技术师，结果那个技术师说："我去给你们找一个人，他是权威。"然后就看见他拿起电话叽哩呱啦说了好半天。过了一会真的来了一个人，我们几个一看，禁不住笑出声来，这不是我们邻居办公室的义夫波特斯吗？他也笑了……他都六十岁了，应该退休了，就因为没有人能替代他，他才不得不继续工作。他总是一身白大褂，胸前的口袋里插满了各色笔，象一个卖笔的个体户。他的左手或右手口袋里总是随身装着一把卷尺。当我和他讨论问题的时候，时不时就见他掏出卷尺，这儿量一下，那儿比划一下，尽管我并不认为那每一下都是必要的。他的头发和眉毛也全白了，尽管如此，他却每天精神抖擞，忙得不亦乐乎。

要对旧电路进行改造的确不是一件容易的事。因为我们面临的是一个核反应堆，除了危险性很大之外，电路也的确复杂。总之这是一项枯燥、危险、需要非常细心的工作。记得有一天，我一进控制室，就见很多人在里面。桌上铺满了各种图纸，地上是电线与工具。工人们在作业，一片忙碌景象。再一看，就见义夫波特斯左手拿着一张图纸，右手举着一个小手电筒，双膝跪在地上，正探头探脑地在一个柜门口逐一查看电路。看见这幅情景，一想起他已是六十岁的人了，我真的很感动。于是我靠近他帮他拿着手电筒。我心想，要是没有这个项目，要不是我……正想着，就听见身后有人说："阁下，我们都在为你工作。"酸溜溜的。原来杰夫不知什么时候来到了我们的身边。

好人蒙斯

由于我还需要一个工作台。它既是我的办公系统，有放文件的地方，有计算机；又是核反应堆的模糊控制系统，有各种硬件及连线。于是我向路克提出了第二个要求。路克似乎客气多了，这次又给我作了妥善的安排。他给我安排的人就是蒙斯。

我以前见过蒙斯。别看他只是技术师，却很有学者风度。他虽然也穿白大褂，兜里也有一把卷尺，但他的白大褂总是很整洁。再留意一下就会发现，他的裤子总是挺阔得很，皮鞋是那种秀气款式，擦得锃亮。最显眼的是他那闪着智慧之光的半秃的脑袋。一副老花镜工作的时候架在鼻梁上，其它时候则上推到额头上，总让我想起战斗机上飞行员的帽子。最初他给我的印象是那种比较清高的人。由于他总是和保罗在一起，所以对他我总是小心谨慎的。

由于工作需要，我们两被关在了一个车间里。头一天，我们之间比较拘谨，公事公办。我说要求，他做，有时我帮他打下手。我发现对满屋子的车床和钻床他都操作自如。车、钻、抛、磨样样精通，而且很有经验。我只要稍微一比划，他就能做出我满意的东西来，根本不用图纸。很显然他是这方面的专家。他工作非常认真，每做完一项后他问我满意不满意，多数情况下我非常满意。见我满意，他也非常高兴。有时我突然改变设计，可原来的设计他已经快做完了，他二话不说，扔下手里的活就重新做起来。对此有时我对他表示歉意，他说他能理解。有时候他虽然干得满头大汗，却很高兴，嘴里还哼着一些快乐的曲子，脚步也挪动得非常快。我真的被他这种热爱工作，陶醉于劳动的情绪所感染。我就热情地帮他递纸巾擦汗，帮他找工具。他一边工作一边问我一些关于中国的情况。他还问我为什么要出国。我告诉他我需要留学经历，需要在发达国家工作的经验，并告诉他虽然他的年龄大了，也没有博士文凭，但他的经验是很宝贵的。我从他那儿学到了不少新东西。他很高兴，但马上脸就阴了下来。我有点慌了，以为自己说错了什么话。他说："SCK 的头目们并不这么看我们，他们需要有文凭的人，叫我们五十五岁就退休……"我安慰说："不会的。大家都有文凭，谁来使用这些车床？"其实我一点也不懂他们的政策。但我知道像蒙斯这样的技术师是有自己的苦处的。

我与蒙斯虽然在国别、年龄、专业层次上差别较大，但我感到我们之间的感情在增加。后来我们的合作就要完成了，我必须回到我自己的办公室做其它工作，这些他帮不了我。他很有点舍不得，我能理解他。由于这几年比利时经济不景气，很多人没有活干。虽说 SCK 是一个国家单位，工资照拿，但像蒙斯这样热爱劳动的人，没有活干他是快乐不起来的。

有时候我正在调试程序，蒙斯过来看我。我立即停下手里的活，作好准备跟他交谈的姿势。因为我知道，他不懂计算机，我不想让他感到尴尬。我跟他解释我正在做什么，有什么问题。他真诚而遗憾地说："我再也帮不上你了。"只要他有空的时候，他都会过来看看我，问我进展如何，还给我出主意。我只要发现有什么事他能做，就会立即跑去找他，他准会保质保量地用最快的速度给我完成。其实有时候我并不需要这么快，只是希望让他感到他还是能够帮得上我的。可老实正直的蒙斯未必能想到这一点。

蒙斯掌管着一串"万能钥匙"，这串钥匙能开我们系所有那些必须上锁的门，比方说核反应堆控制室、工具房等。我因为有时要晚走，可我并没有钥匙，正常情况下我必须和大家一块离开，我感到有点为难。蒙斯知道后对我说："我把钥匙留给你，你用完后把它放进我的办公室就行。"我很吃惊，但我很快就明白这是一份来自蒙斯的信任与关怀，尽管当初几天我还犹豫不决，但后来我就很干脆地接受了。由于保罗是蒙斯的朋友，后来他也经常主动过来帮我，还常常竖起大拇指表示对我工作的赞赏。因为他英语不好，所以就只好经常给我打个手势表达他的意思。我也不再生他的气了。我想他当初打小报告的一个主要原因是误会我们不够尊重他。在这个等级森严的研究所里，也只有对十大春他才可以出出气。

有一天，我看见蒙斯车里有一个黑人小孩，约莫十来岁。他告诉我这是他的孩子。我很是奇怪，因为我记得他的妻子是白人。蒙斯看见我疑惑的表情，笑着说："我从扎伊尔收养的。我们自己没有孩子。"我知道扎伊尔正处在战火纷飞的年代，那儿一定有很多孤儿。这个孩子可能是个孤儿吧，可怜他的父母一定早已惨死在敌人的炮火下。没想到我这一点很合乎逻辑的推测居然也错了。后来蒙斯告诉我，孩子的父母就在比利时，因不务正业，日子过得有一天没一天，孩子的学习和生活都没有保障，在这种情况下他收养了这个孩子。哦，原来如此。在我感到羞愧难当的同时，我不得不感叹：真是好人蒙斯。

......

我的留学生活还在继续，故事也在每天发生着。只可惜我没有时间把它们都写下来。我想我将来回国的时候，除了带回最新的专业知识外，一定不会忘了带走这些技术师给我留下来的美好的记忆。让我由衷地说一声，谢谢，我的比利时同事——SCK的技术师们！

注：

1 SCK：比利时核研究中心的佛莱芒语简称；

2 十大畚：指没有正式合同的短期工作或进修人员，是以前在 SCK 进修过的中国人根据英语 stage 音译过来的，因地位较低带有自我嘲讽的意思。作者当时的身份是访问学者，因此算在十大畚之内。

（作者简介：李小忠博士，1966 年生。原中国科学院计算研究所国家智能计算机研究中心博士后，现在比利时核研究中心（SCK）做第二站博士后。现为中国模糊技术工业产品标准化委员会委员，北京市"九五"规化及 2010 年远景目标之模糊技术专项规划的规化与项目评审专家，曾任 1995 年在北京召开的第四届国际青年计算机科学家会议总编辑，1996 年中央电视台春节联欢晚会国家科委 863 科学家乐队小提琴手。）

晓忠觉得适当的休闲的确可以调配人的精力。人不是机器，适当地休息是高效工作的基础。在这个"适当"的把握上，阮达留给自己的很少。

在一个周末的闲谈中，阮达对晓忠说："你很聪明，这么短的时间里你已经出了这么多成果，如果你再把周末的时间用上，你一定可以出更多的成果。"阮达是公认的拼命三郎，几乎每两年要编一本论文集。

他经常说，中国人本身在这里就被人瞧不起，只有自己更加努力，多出成果才可以改变自己的地位。阮达相当于是倒插门的女婿，所以他给自己很大的压力。阮达的确做了很多工作，在国际学术界赢得了一席之地。他改变了晓忠的人生，把晓忠带出了国门。晓忠从心里感谢他尊敬他。但是晓忠总认为阮达活得太累了。

晓忠移民美国后，2004 年阮达和夫人到美国开会顺道拜访了晓忠夫妇。老朋友在异地相见自是快乐无比，只是没有想到那居然是永别。

2011 年阮达因极度劳累在睡眠中去世，享年 51 岁，留下国际同仁们对他无尽的思念。

十九 迁往美国

1998年10月，晓忠一家从比利时布鲁塞尔飞往美国芝加哥，然后换飞机到新墨西哥州的大城市阿尔伯克基，最后租车自驾到达新工作居住地洛斯阿拉莫斯，开始了正式旅居美国的生活。

新墨西哥州是美国西南部四州之一。北接科罗拉多州，西接亚利桑那州，东北邻俄克拉何马州，东部和南部与得克萨斯州毗连，西南与墨西哥的奇瓦瓦州接壤。面积31.5万平方公里，在50州内列第5位，人口两百万。州内大都市有阿尔伯克基和首府圣塔菲。圣塔菲是美国古老市镇之一，也是州境中北部金、铜矿产及农牧产品集散中心。阿尔伯克基位于首府西南约100公里，是工业城市，电子工业最盛，设有原子能研究所。

搞科学的人提到新墨西哥州就不能不提到洛斯阿拉莫斯国家实验室。该实验室位于新墨西哥州首府圣塔菲北部的洛斯阿拉莫斯小城，1943年成立，以研制出世界上第一颗原子弹而闻名于世。

洛斯阿拉莫斯是一个当之无愧的科学城和高科技辐射源。实验室在二战期间由罗斯福总统倡议建立，一直由加利福尼亚大学负责管理。这里云集了大批世界顶尖科学家，拥有万名以上雇员，每年经费预算高达21亿美元。物理学家奥本海默是实验室的第一任主任。世界上第一颗原子弹和第一颗氢弹都在此诞生，使这个实验室蜚声海内外。

同是国家级的核研究中心，比利时核研究中心的同事们自然知道洛斯阿拉莫斯国家实验室，以致于当他们听说晓忠要去美国洛斯阿拉莫斯时，常想当然地认为他会加入洛斯阿拉莫斯国家实验室。

事实上，冷战结束后，洛斯阿拉莫斯国家实验室的研究早已多样化，包括很多基础研究。大量的科学家们从该机构独立出来成立公司，把一些高端的技术用于民营企业上。

晓忠加入的这家公司"自适应系统应用中心"就是从洛斯阿拉莫斯国家实验室分离出来的。晓忠的老板斯蒂芬曾经就是实验室的物理科学家。当时公司的主要业务是为美国的花旗银行提供数据挖掘的服务，提供基于数据分析的最好的营销模型、客户的退出模型、信用模型等。

一个人一间办公室，窗外是美丽的山景，蓝天白云，空气清新，屋内是干净的地毯，加上个人电脑、电话及一些个人用品，与比利时核研究中心的环境比起来要简单整洁多了，一个人加一台电脑就可以工作了。老板斯蒂芬更是一位好人，他的第一学位是音乐，第二学位才是物理。他有点偏瘦，很高，虽然有些谢顶，但是还是很有魅力，每天都乐呵呵的，基本上没有与下属红过脸。每到周五下班前都会对下属说："Have a good weekend!"晓忠喜欢这样的环境。晓忠的同事们大都是学数学的、学物理的或学经济的博士，华尔街的精英们也都是这样的背景，虽然不居住在华尔街，但是工作性质是一样的，晓忠喜欢这种工作上的转变。

有人问过晓忠，放弃学术界而走进企业界舍得吗？晓忠的回答是："生活是多样的，每个人的人生只有一次经历，过多地谈论选择或舍得没有太大意义。只有从体验中获得人生的真谛才有意义。"想想自己当初为什么出国，不就是要体验不一样的人生，从而使自己成为一个远见卓识的人吗？晓忠认为，远见卓识正是一个人在需要决策的时候，能够做出比常人更加准确的判断，要不用人单位总是要"有经验"的人呢？

有一句话晓忠特别认同，"人不是输在起点而是输在拐点。"要说输在起点总是正确的，那么晓忠作为从落后农村走出来的孩子早就输了。人生会遇到很多需要做决策的时候，包括个人生活上的，工作上的，这就是拐点。一旦决策错了，就要走很多弯路。

二十 间谍事件

晓忠刚刚安顿下来，就赶上了闹得沸沸扬扬的李文和间谍事件。

1999年，实验室的华人科学家李文和被指控犯有59项滥用保密信息的罪名，其中包括将计算机模拟核试验的秘密信息下载到硬盘上并将它们带出实验室。

在历经10个月的监禁后，李文和只承认了一项罪名，其他的58项指控被认为纯属子虚乌有。李文和曾在这段时间里被怀疑向中国泄露了核武器秘密，但之后的调查证明了他的清白。

由于李文和的事件，很多华人科学家都被牵连。

有一天晚上，晓忠和小燕在家里看电视。突然有人敲门，声音还很急迫，晓忠开门一看是两个大男人，说是警察局的，在调查一个案子，希望配合一下。

他们向晓忠调查的问题是，前几天晓忠的邻居家出了事，问晓忠有没有听到过什么动静？一个警察和晓忠说话，另一个在屋子里到处看了看。简单聊了几句，后来那两个人就走了。第二天晓忠把发生的事情告诉美国同事们，他们告诉晓忠："那是美国联邦调查局的惯用伎俩，他们在调查你们。"

因为晓忠是中国人，新来的，来之前是比利时的核科学家，还姓李，不能不让他们产生联想啊。不过还好，他们还是比较有礼貌的，以后也没再搔扰。

二十一　申请绿卡

到美国长期居住的中国人一般都要走这样的流程，申请永久居留（绿卡），当持有绿卡 5 年以上再考虑是否入籍。

由于申请的人多，移民局忙不过来，所以绿卡的等待时间可能很长。3-9 年属正常。等待时间的长度与申请的类别有很大的关系。

移民类别包括亲属移民、投资移民、政治庇护、工作移民等。晓忠是工作移民。晓忠知道很多中国人为了快速得到绿卡，欺骗美国政府说自己是被中国政府压迫的对象，比如法轮功、超生、政治异见人士等，其实他们大都是非法赖下来的，让中国政府当冤大头，又恰好迎合了美国的口味，要不美国老拿中国的人权说事呢？晓忠认为这些给中国人丢脸的同胞太可耻了。

对于工作移民又分好几类，包括杰出人才、高学历、工作需要等，最快也是等级最高的是杰出人才移民，当然条件也最苛刻。由于晓忠在比利时时就知道自己有可能符合"杰出人才"的条件，所以刚到美国的第一个月，晓忠就开始办理此事。晓忠知道让公司出钱为自己办肯定要等，怎么也得为公司工作几年以上。可自己不想等。

咨询移民律师，费用要 6000 多美元，数目不小，晓忠想能否自己做省下这笔费用呢？晓忠不愧是研究人员，通过对网上的信息加以研究，他发现自己就可以办理。晓忠只花了 79 美元从网上一家移民公司买了一个"DIY"（Do It Yourself 你自己做）的小册子，按照上面的要求，准备好材料，寄到移民局，三个月后就获得了移民局的批准。连晓忠本人都觉得太意外了。

当然，这首先还是因为晓忠的材料足以让美国人相信他是符合"杰出人才"的标准的。晓忠也体会到美国移民局不是那么难搞定的。晓忠自己成功申请绿卡的这一创举让公司的管理层及当地的中国留学生都大吃一惊，连公司聘请的专职律师都不得不对这个新来的中国人刮目相看。

洛斯阿拉莫斯国家实验室有上百号中国留学生，很多人已经按常规排队等候了好几年，看到他们的处境，晓忠很豪爽地跟他们分享了他的经验，不久后他们中很多资质较好的人也快速拿到了绿卡。

多年以后，晓忠读北邮校友打工皇帝唐骏的自传，其中提到唐骏早年在美国开移民公司专门给华人留学生办理绿卡，晓忠特别能理解。按照当时的情况，晓忠闯开了一条捷径，完全可以做同样的事，只是晓忠还是选择把精力放在自己的工作上。

二十二 避难新房

　　1999 年，晓忠在新墨西哥州首府圣塔菲买了新房，是一个真正的别墅。两层小楼，前后花园，外带双车库。这是晓忠和小燕的第一个真正属于自己的家。他们在搭建自己的爱巢上花费了很多心思。因为是新房，他们买了全套的新家具。后院种了草坪、蔬菜和果树。蔬菜收获最多的是西葫芦，其他还有茄子、南瓜、扁豆等；水果包括苹果、桃子、李子等。当然收获更多的是其中的乐趣。

　　2000 年时，洛斯阿拉莫斯的山林发生了一场惊动全国的大火，实验室的几幢大楼完全烧毁，其中包括员工公寓，实验室为此不得不关闭了许多天。当地居民的房子也烧毁了很多。

　　全部人员被要求撤离，疏散到其他地方。晓忠的房子在圣塔菲离洛斯阿拉莫斯 70 公里，所以没有受影响。一个夜晚，晓忠一家正在熟睡中，突然被"咚咚咚"的敲门声惊醒。开门一看，是公司的中国同事蔡东明一家四口，满脸疲惫和沮丧。原来他们被要求撤离不能回自己家了，车上只带了些衣服和照片。

　　蔡东明说："太可怕了，好多房子就那么眼睁睁地看着它们被烧毁了。"小燕给他们一家做了一点吃的，然后把他们安顿下来。第二天又来了两家洛斯阿拉莫斯的中国留学生。家里房间不够就打地铺，一共忙活了一个礼拜。

　　晓忠小燕知道，此时此刻，这些无家可归的人最需要的就是家的温暖。晓忠准备了很多食物，在家里搞了一次聚会，请居住在周围酒店的从洛斯阿拉莫斯逃难出来的中国人到家里吃饭。在国外平时人情是很淡漠的，晓忠小燕所做的这些让他们很感动，他们认为晓忠很仗义。晓忠一家因此也交到了一些朋友。

幸运的是，蔡东明等人的房子虽然受到了大火的威胁，但并没有被大火吞噬。从这次大火的经历，晓忠也看到了美国与中国不一样的价值观。

在美国，当任何灾难发生时，人的生命是最重要的。当大火烧起来，警察早早地拉起了警戒线，不许任何人私自进去救火或抢救任何东西，因为他们认为任何东西都没有人的生命重要，灭火交给专业的消防员就可以了。而那时，国内可能把跳进火海去抢救公家财产的人称为英雄，从而鼓励人们"见义勇为"，哪怕是牺牲自己的生命。

美国也鼓励"见义勇为"，但方式更多的是通过报警的方式让更专业的人来做，不要拿自己的生命去冒险，否则别人还要去救他，那就等同于添乱。回想很多在国内报道中见到的因"见义勇为"或"舍己救人"而牺牲或残废的人士，真觉得国内的价值观随着生活水平的提高也应该有所改变。

二十三　恐怖袭击

2001 年 9 月 11 号上午 9 点左右，晓忠正在从家里往公司的高速路上开车，突然电话铃响了，是朋友曾光打来的。

曾光是早年随父母移民来美的中国人，和晓忠家住得比较近。他每天按美国东部时间起床看新闻和炒股，他告诉晓忠，他们共同的朋友贾晶可能已经死了，因为恐怖分子刚袭击了纽约世贸中心（双子塔），造成包括双子塔及周围 5 幢高楼的坍塌，而贾晶就在其中倒塌的一幢楼里上班。

简直难以相信，晓忠打开了车载收音机，果然听到了纽约遭自杀式恐怖分子袭击的消息。后来证实三千华尔街的精英因此而丧生。全国乱成了一片。

晓忠赶到单位，发现大家都在看电视转播，没有人有心思上班。幸运的是贾晶后来终于联系上了，她那天有事去的晚，有幸躲过了一劫。

911 恐怖袭击事件是继第二次世界大战期间珍珠港事件后，历史上第二次对美国造成重大伤亡的袭击。以前美国的战火都在境外，而这次却在国内。

它彻底改变了美国人民的生活，对美国的经济也造成了重创。首先是股票市场大跌，其次是旅游业严重受损。晓忠还记得，911 事件一个月后，和朋友一起从新墨西哥飞到弗罗里达，机票才 39 美元，即使那样飞机也没坐满。当飞机降落后，全体乘客都为安全降落热烈鼓掌。可见人们对坐飞机出行是多么地恐惧。

　　911事件让每个人对生命都会有重新认识。人的生命并不完全掌握在自己手里，除了疾病还有天灾人祸，人活着就是个概率。既然如此，那就活得超然些，做到对死亡不害怕，活着的时候好好珍惜。

　　911事件也让人们失去了居住在拥挤的大城市的安全感。晓忠居住的圣塔菲市虽说是新墨西哥州的首府，但是并不大，也不拥挤，跟美国好多大城市比算比较偏的，应该不会是恐怖分子袭击的目标。再说刚买了新房子，工作也不错，还交了一些朋友，晓忠打算就在此扎根，早忘了那个曾经的"南加州之梦"。然而冥冥之中上苍并没有忘记它。

二十四　搬入加州

在 2011 年 12 月，公司被另一家纳斯达克上市公司 HNC 收购，所有员工被要求搬到 HNC 总部所在地。

HNC 总部就在加州南端圣地亚哥市。就这样，晓忠一家搬到了圣地亚哥，终于有机会零距离了解南加州了，也圆了那个"南加州之梦"。虽然不是留学，但是晓忠始终认为，学习不一定非得上学不可。

加州位处美国西海岸，西濒太平洋，北与俄勒冈州、东与内华达州及亚利桑纳州接壤，南邻墨西哥，面积约 16 万平方英里，全年气候温和，每年十月起至翌年四月止为雨季，五月至九月为旱季，而北加州与南加州全年降雨量差异颇大，北部滨海地区年雨量达八十英寸，南部如洛杉矶地区年雨量仅约十五英寸，而东部沙漠地区年雨量则更为稀少。

跟纽约的高楼大厦形成鲜明对比的是加州更多的别墅与田园风光。南加州主要指洛杉矶以南至圣地亚哥市。洛杉矶自不必说，国际大都市，是美国的第二大城，仅次于纽约，美国最大的海港，也是全世界的文化、科学、技术、国际贸易和高等教育中心之一，还拥有世界知名的各种专业与文化领域的机构。闻名世界的好莱坞就位于该市。

从洛杉矶往南驾驶一个半小时就到了圣地亚哥市。圣地亚哥市也是一个太平洋沿岸城市，位于美国本土的极端西南角，以温暖的气候和多处的沙滩著名。一年四季如春，棉袄基本是不需要的。其多处美丽的海滩更是吸引了无数的游人，既可以冲浪也可以潜水，尤其是拉霍亚海滩因为长年有成群海狮在沙滩上栖息，引来游人络绎不绝。

2012 年人口普查时，圣地亚哥市的人口为 130 万人，在人口上是加州的第二大城。这里各色人种都有，白人和墨西哥人居多，黑人和亚裔较少。由于优越的地理位置及温和的气候，加上中国政策的开放，在最近 20 年，晓忠看到了越来越多的中国人来到南加州，慢慢地把越南人和韩国人比了下去。

在中国人中，大陆来的也逐渐把台湾地区来的比了下去，这些从中餐馆和中国商店的老板们的变化就可以看出来。华人的文化是喜欢扎堆，这就不难理解有人说"南加州是世界华人向往的地方"了。

二十五 李氏定理

HNC 是一家把神经网络这种软科学转化成生产力最成功的公司。它的员工大都是博士毕业的青年科学家。它的主打产品就是侦测信用卡欺诈。

多年以前，在国外信用卡就得到了普及。但是信用卡靠的就是信用，所以在方便使用的同时安全性不是很高，即容易被别人盗用。而盗用所造成的损失归发卡单位负责，所以发卡单位，例如银行就必须尽量阻止这种欺诈交易。

HNC 的博士科学家们利用神经网络的学习算法，能记住一个持卡人的消费习惯，从而识别出被别人盗用时所表现出的一些异常行为。该产品的成功率非常高，后来全球 70%以上的银行都用这个产品。

晓忠的工作就是负责开发和维护亚太区包括澳大利亚、日本、台湾、香港、澳门、马来西亚、新加坡等地区的银行的信用卡反欺诈模型。该产品的关键技术是一项叫做"档案"的技术。

"档案"技术能从客户过去大量的信用卡交易数据中提炼出该客户的消费模式并用几个简单变量就可以记载下来。晓忠不仅学到了这项关键技术，而且从理论上完善了它。李晓忠撰写的内部报告包括自己的李氏定理获得了大家一致赞同，并成为新员工培训的必读教材（由于签有保密协议所以没有发表论文）。

在这里工作，晓忠找到了做研究的感觉。的确，这里的员工不叫工程师，就叫科学家。档案技术与神经网络技术后来还被这里的科学家们推广到电信领域，以阻止电话被盗用。虽然工作就是开发数学模型，但是由于晓忠喜欢研究，所以他的模型比别人更准确，更有理论深度。2002 年，在工作之余晓忠获得 EUNITE 基于银行客户数据的世界数学建模竞赛个人第四名。他还继续参加一些国际学术会议，并担任过许多国际会议专题组的主持，被吸收为美国纽约科学院会员和国际知识发现与挖掘协会的会员。

2002 年 HNC 被美国更大的费埃哲公司(现在称 FICO 公司)收购，晓忠就这样变成了 FICO 的员工。FICO 公司历史更悠久，是第一家将数学用于信用测量当中的公司。美国的信用如此完善与发达，与该公司提供的信用分是分不开的。不过该次收购除了股权的变更，其他对晓忠没有什么影响，不用搬家，工作内容也没有什么变化。但该次收购却决定了晓忠随着后来 FICO 向中国扩展业务，被安排回国的机会。

二十六　埋头学习

晓忠的同事们也都是一些高学历的精英，印度人和中国人居多，本土美国人不多，但他们更容易担当管理层的位置，毕竟他们在当地语言和文化上更占优势，这样在沟通上就占有优势。

晓忠早早意识到了这一点，所以对美国职场中的"玻璃天花板"（看得见的高职位却很难升上去）效应早有心理准备。

原来以为到了美国英语自然就会好的，后来发现根本不是那么回事。语言要想有显著的提高和达到当地人的水平，就必须付出额外的努力。晓忠有意识地、更多地参加美国人的活动（而不是只参加中国人的聚会），特别报名参加了国际英语演讲俱乐部，强迫自己站在一个讲台上用英语给大家演讲。由于大家都是来锻炼的，所以讲的不好也没有关系，但是的确很有帮助。

通过更多地观看美国本土电视剧，学习美国人如何吵架骂人以及如何与人打交道。当时晓忠两口子最爱看的肥皂剧是《贝克医生》。

电视剧里有这么一个情节。鲍勃因开车超速被警察拦下，他很不服气，跟警察争辩，说自己并没有开多快，为什么把自己拦下。

在美国，大家都曾有被警察拦下的经历。跟警察争吵也是时有发生，当然最终的结果是得接罚单。晓忠也得过不少罚单，跟警察也争论过，警察总是客气地说，如果你不服可以到某某法院，约好时间他会在那里等你。最后晓忠总是既被扣了点还被罚了款。

但是电视剧里克瑞丝却告诉鲍勃："你不应该和警察争吵。你应该说警官先生你做得对，因为你出色的工作可能救了我的命，我要是开车太快出了交通事故将没有后悔的机会，等等。"

鲍勃开始不以为然，不过几天后他高兴地告诉克瑞丝："谢谢你，我今天超速被警察拦住了，不过我今天按你说的做了。奇迹出现了，警察没有给罚单。"

晓忠特别受启发。几天以后，晓忠在早上急着上班时因超速被一个藏在建筑屋后面的警察逮了个正着，晓忠想起电视里刚学到的，立即对警察说："对不起警官先生，我一定是因赶着上班超速了。你做的对，太感谢了。你要不提醒我，我一会儿说不定会出交通事故。到那时后悔晚矣。谢谢你救了我。你的工作太有意义了。我愿意认罚，请给我罚单吧。"

那个美国警察是一位中年男子，戴着头盔和墨镜，听晓忠这么一说，绷着的脸舒展开来，一边摘下墨镜，一边对晓忠说："先生，你知道吗，我今天在这里蹲了一早上，拦了8辆车，每个人都和我争吵，你是唯一一个不和我争论的。鉴于你的好态度，你知道我要干什么吗？我决定不给你罚单，只给口头警告。你可以走了，慢点开啊。"晓忠对警察的决定喜出望外。晓忠自此不仅学到了如何和警察沟通，同时也明白了态度无论在哪里都是这么地重要。

在公司里虽然中国人有不少，但是晓忠选择更多地和美国人交朋友。晓忠最好的同事及朋友是勃卜。勃卜年纪比较大，50多岁，斯坦福大学的统计学博士，性格温和，不太善于交际。据他说主要是因为大家的年龄都比他小。但是勃卜实际是一个非常友好的人。

晓忠和他总一块去吃午饭，一块去散步。晓忠一有任何问题都向他请教，包括语言的，工作的，生活的等。他总是那么默默地做事，从来不去和大家争提职的事。晓忠从他那儿学到了一个人拥有好的心态其实比什么都重要。

二十七 勃卜遇变

勃卜有一对儿女，儿子叫詹姆斯，女儿叫克瑞丝汀，妻子阿琳在医院里做护士。2004 年春节，晓忠一家还邀请朋友们包括勃卜一家四口到刚买不久的房子里来吃中国饭。当时詹姆斯才 16 岁，正在读高中，他腼腆，话不多，是一个听话的好孩子。晓忠和勃卜一直保持好友关系，2007 年晓忠回国后，所有在美国的邮件都是寄到勃卜家，勃卜再帮忙转寄到中国。

2012 年 7 月，晓忠到美国开会，绕道回圣地亚哥一趟，7 月 12 日见到了 5 年没见的老朋友勃卜并和他共进午餐。老朋友见面自然很高兴，也谈到了各自家人的情况。当问到詹姆斯时，勃卜说孩子在读博士马上就毕业了，有奖学金不用他负担。看得出勃卜对儿子挺满意的。

那时他们根本不知道噩耗即将来临。根据报道，2012 年 7 月 20 日零时 30 分（北京时间 14 时 30 分）左右，美国科罗拉多州首府丹佛市的一家电影院发生一起枪击惨案，当很多观众正在这家影院熬夜观看《蝙蝠侠：黑暗骑士崛起》的首映时，一名戴着防毒面具、拿着重武器的枪手偷偷闯了进来。这名 24 岁的男子先抛 "催泪弹"，后拿起突击步枪等武器向观众胡乱射击，造成重大伤亡，至少 12 人遇难，59 人受伤。

这起震惊全世界的美国影院枪击案让当时正参与竞选的美国总统奥巴马改变行程，发表了特别讲话，让法国取消了《蝙蝠侠：

黑暗骑士崛起》的首映式。

　　该案的凶手就是詹姆斯。当时晓忠已经回国，等知道此事已经是两个月之后，他曾试图联系勃卜，但是已经联系不上了，上网查看美国当地新闻，才知道勃卜一家已经掉入了万丈深渊。等待勃卜两口子的是无限期的听证陪审和记者们的骚扰，可怜的勃卜。

　　最终詹姆斯因枪击案及私藏炸药罪被判处 12 项终身监禁罪名，附加 3318 年的刑期。同时，詹姆斯没有任何被保释的可能。

　　晓忠不得不感叹，人生真是世事无常啊。即使联系上勃卜，晓忠又能做什么呢？事后想起这件事都不知道该怪谁。而晓忠认为美国的枪支管理应当对此负有重要责任。因为在美国，任何人只要登记就可以买到枪。人都有情绪低落或失控或走极端的时候，这时候如果枪支可以轻易得到的话，枪支就会助长罪恶从想法到实施。所以晓忠对美国的枪支管理政策很不以为然，当然在美国时也从来没有买过枪。

二十八 回国回家

回顾自己出国的 12 年（1996-2007 年）也正是国内经济高速发展的时期。在旅居国外期间，晓忠基本每两年回国探亲访友一次，所以也耳闻目睹了国内的发展。

在 2002 年拜访李国杰教授后，李教授曾邀请晓忠回计算所工作，并要求研究生处开始对晓忠启动中科院"百人计划"（中科院为吸引海外人才回国工作制订的一项特别计划，以每人 200 万元的资助力度从国外吸引并培养百余名优秀青年学术带头人）。只是后来被 2003 年的"SARS"事件给耽搁，加上晓忠当时回国的想法还没有那么坚定。

决定回国的确不是一个容易的决定。由于已经习惯了美国优越的生活及环境，对国内的教育、交通、污染、医药及食品安全又有很多顾虑，所以大多数留学生毕业以后选择留在国外。

2004 年回国访问母校北京邮电大学时，晓忠受到了外事处的接待。晓忠被要求给管理研究生院的同学做一次如何防止电话欺诈的学术报告。通过报告会，晓忠发现国内虽然发展比较快，但是要跟国外比，有些领域还是空白。这意味着回国会有很多发展的机会。晓忠还特别受到林金桐校长的接见，林校长希望更多同学学成后回国服务，希望晓忠先把校友会成立起来以便保持联系。

晓忠回美后成立了北邮南加州校友会，任第一任会长。北邮南加州校友会由于出色的工作，不仅吸引了当地的校友，还吸引了来自全美、英国、日本、加拿大等国的北邮校友加入，成了北邮名气最大的海外校友会，后来还组团参加北邮 50 年校庆。晓忠再次成为北邮的"名人"。

2004 年老父亲去世，给晓忠留下了很深的遗憾。这种遗憾是很多海外游子所共有的，即长期与亲人分离，不能给父母尽孝。晓忠还为此写了一篇文章来纪念自己的父亲。该文发表在著名海外中文网站"华夏文摘"上，还收到了很多勉励评论。

我的父亲

我的父亲在上个礼拜五永远地离开了我们。享年捌拾岁差三个月。哥哥说包括闰月，父亲过了捌拾。

由于时间的关系，也因为我刚从家里回来不久，我没有赶回去奔丧。心情沉痛之余，涌起想写点东西的愿望，以此来悼念我的父亲。

解放前，我父亲家里很穷。我不知道爷爷是怎么死的，但是我知道我奶奶是因为日子过不下去上吊死的。日子苦到把我的小叔叔(我父亲的三弟)很小就卖给了人家。虽然解放后找着了，大家还来往，但是他不再姓李了。我父亲给人当长工，他日子可想而知，父亲和也是贫苦农民的我母亲结婚不久，本应该有几年幸福生活，却被国民党生生拉去当壮丁，就这样成了国民党队伍中的一员。国民党连连吃败仗，我父亲九死一生。在一次溃退中，我父亲生病不能行动。一路上伤病的士兵被不断地强行扔下，我父亲硬是在一位老乡兼战友的帮助下躲过了这一劫。幸运的是，我父亲所在的部队最终被策反起义了，加入了共产党，掉转枪头打国民党。仗打得很顺利，到解放我父亲都没有受过什么伤。

从我记事起就知道父亲的右膝盖和常人不一样，那是像老树皮一样满是褶子的膝盖。解放后我父亲还没有来得及转业就响应毛主席和朱总司令的号召参加了中国人民志愿军。雄赳赳，气昂昂，跨过鸭绿江。等待他的是冰天雪地当床，压缩饼干当粮。他的膝盖就是在那儿被冻伤和被炮火烧伤的。他和黄继光是一个部队的。小时候看《上甘岭》，我挺自豪的，因为我父亲就是那个部队的。那个时候战争影片很多，有些战争我父亲亲自经历过，所以父亲也时不时给我们讲一些战争故事。有一次在朝鲜战场，为了给一位团长开路，我父亲在前面走。可是一颗炸弹在我父亲走过后从山坡上滚下来直接撞到了团长爆炸了，团长当时就死了，我父亲却无大碍。想起这些，我多少有点明白为什么我父亲在日常生活中会有点迷信。他虽是老共产党员，但他毕竟没有上过学。朝鲜战争伤亡惨重，他却能活着回来。他怎么能不相信有神灵在保护呢？

我父亲回到家乡的时候是在晚上，和一名战友各骑一匹战马回来的。那时候还没有我。据我大姐说，父亲那时威风凛凛。父亲有一条白毛巾，上面别满了军功章(现在想也许有一些像章)。可惜被我大姐弄丢了，那时她六岁左右，每当我们兄弟姐妹谈及此事我们都要把我大姐怨一通。当然我们也多少有点嫉妒她赶上了爸妈最风光的时候。

父亲虽然没有死在战场，但他被抓走及长年无音信却使我的母亲因过度思恋而精神分裂。这一结果整整影响了我父亲和子女们的一生。

父亲转业到地方后，受到了很好的重视。可惜那时我还没有出生。在我的记忆里，也就是我五岁左右，父亲是区财政局局长。在这之前，我听说父亲曾有机会往上面(地委)调。有人甚至建议他重新娶一个，但他拒绝了，他说他要照顾我母亲。母亲及孩子们都是农村户口，那时在外当官家属留在老家的很普遍。母亲那时精神病时好时坏。好的时候和常人一样，不好的时候她一个人走好远然后回不了家。家里急得分头去找。那时全靠走路。有时候好几天找不着，她在外面饿了就摘田里的瓜果吃，有时也要饭。碰到好心人，她能有口吃的；碰到不好的人不仅没得吃，有时还遭人欺负。当有人把看见我母亲的消息告诉我父亲，我父亲总是又急又气地跑着去接我母亲。一回到家，我父亲就把我母亲锁在家里。他有时甚至用小树条打我的母亲，强迫她保证以后再也不乱跑了。我小的时候就经历过这么一幕，我看着那一场面眼泪止不住往外流。现在想起也辛酸。我父亲气糊涂的时候常常忘了我母亲是一个病人。当然他也不知道该用什么好办法来对待我母亲的异常行为。他也曾经带着我母亲到处看病，针灸、西药、中药都试过了，到最后"跳大神"的也请了好几个。我想我父亲也是没办法了。母亲的病没有治好，却受了不少罪。有一次我父亲不知从哪里弄来一个方子，要用桐油作引子。用农民家自己做的板凳、水桶还有中国纸伞，最后再抹上桐油做成"药"。那个气味很难闻，别说喝了。我母亲自然打死也不喝，我父亲硬是撬开她的嘴强行灌给她。母亲苦不堪言，父亲也累得可怜。父亲这种有点不近人情的行为有时也让我们气愤。现在想来他是多么希望治好我的母亲啊。毕竟他有自己的工作还有一大群孩子等着娘来照顾。我母亲生了四儿四女，我的大哥也就是我父亲的长子，七岁的时候在送往医院的途中死在我父亲的怀里。我父亲的悲痛是可想而知的。最小的弟弟是人工流产掉的，父亲说孩子够了。实际原因可能是粮食不够吃难以养活吧。在剩下的孩子当中我排行老五，是父亲心中的小儿子。我的母亲在生育我们这些孩子的时候，她的病只是偶尔发作，很多时候是清醒的。到了 1978 年我哥哥离家上大学后，我母亲因为思念儿子病情再次发作，从那以后再也没有好过。应该说感谢我的母亲为我父亲生了这么多儿女。在我的父亲老了和病了的时候，虽然小儿子远在美国，但是身边人丁兴亡，儿孙满堂。他的重外孙都读高中了。几个月前，当我被告知父亲病危并赶回老家时，我亲眼见到了这种大家庭的浓浓亲情。我对我父亲说："您和母亲多幸福啊，膝下有这么大一家子，从不会寂寞。"父亲笑了。这种亲人呆在一起的气氛对于我这个从美国回来的人来说感觉特别深刻。我从来没有想过父母亲之间的爱情问题。邻居老刘却给我讲了一件让他感动的事，触发我思考这个问题。他说："在你回来前不久，你爸爸不行了要往医院送。临上车时，他突然回过头来对你二姐说，'我走了之后，一定要照顾好你妈妈。'直到你二姐保证后他才上车走了。我不知道你妈妈能不能感到你爸爸的关爱，但是我作为一个旁观者确实被感动了。"是啊，这就是我父亲，一生都在照顾我母亲。我父亲曾当着我们全家的面说过，母亲要是去世在父亲前面，那是母亲的福气。我父亲是担心儿女们不能照顾好母亲。如果没有我父亲无微不至的照顾，我母亲能好好地活到今天吗（我母亲除了精神病外，一切都好）？家里人还告诉我，每次父亲病重或者去医院，我母亲却出奇地好，听话、不出门、还帮助洗父亲的衣服。我相信我母亲心底里一定存着一股情不自禁的对父亲的依恋。她不希望我父亲生病或去世。这也许就是他们的爱情吧！他们对爱情的理解和表达方式不是我们晚辈能理解得了的。

小时候常听人们说，我们是有娘生没娘养。我父亲是又当爹又当娘，教育子女的责任自然落在父亲的肩上。他没有读过书，只在部队过了识字关，能看报写信。在子女上学的问题上，基本上任其发展。读得好就让读，读不好就种田。从来不给我们提要求。好在我们兄弟俩都还争气，两个都考上了大学。那时候大学生少，上大学就意味着拿到了铁饭碗。这使我们家远近闻名了一阵。父亲常去茶馆，经常被人羡慕，他也高兴得不行。儿子能上大学，女儿却不行。这倒不是因为女儿读书不够聪明，而是父亲负担不起所有人读书。在他必须选择的时候，"重男轻女"的思想在我父亲的脑海中就会显露出来。我二姐读书成绩一直很好，就因为我哥考上大学，我父亲就强令她回家干活。结果她连高中都没有上。父亲这种"重男亲女"的思想还表现在其他方面。尽管有孙女和外孙，他仍对我们兄弟俩没有能给他生一个孙子而耿耿于怀。他的"财产"永远是留给儿子的，女儿是"嫁出去的女儿泼出去的水"。他对儿子抱有太高的希望。而事实呢，由于他培养儿子"成功"，儿子都有一份"离不开"的工作，以致于当他又老又病需要照顾的时候，儿子大多数时候都不在身边。到头来还是他的女儿们特别是我二姐整日陪伴和照料他。我想我父亲在临终时在对儿子失望的时候对他的"女儿观"应该多少有点重新认识吧。

父亲的文化水平不高，他对我们的教育常常是通过一些简单的故事和老话来进行的。他常讲这么一个故事，说古时候有一少年因聪慧小有名气。新来的县官想看个虚实，就请少年和其父亲来县衙一趟。县令拿出一节烂藕和一只鲜梨招待他们。少年先把鲜梨独自吃了，然后拿起烂藕折成两节分给父亲一节。县令看不下去了，大声喝到："小小年纪，就知道自己吃好东西，却把不好的东西给长辈，分明是不孝。"少年却不慌不忙地说："大人有所不知，我给父亲分藕那是因为我们父子情深，藕断丝连。我独自吃梨是因为我们父子怎么能分离（梨）呢？"根据父亲的文化水平，他能讲出这样的故事已属不易。我明白他是希望我们父子情深。无论多少年过去了，我从没有忘记这个故事。在讲到为人和持家时，父亲总是用他的一套老话来教育我们。比如"为人不做亏心事，半夜不怕鬼叫门"（正经做人，不做坏事）、"爹有娘有不如自己有"（不要求别人）、"计划不好，一世受穷"（钱要计划好再用）。在催我姐姐们的婚事时，"女大十八不中留，留来留去留成愁"（女儿大了必须嫁人），还有一些，我已经不记得了。

虽然我离家已二十年了，至今还记得父亲在说这些话的时候坐在门口一边抽烟一边喝茶的样子。

我父亲在文化大革命中从机关下放到农村，一呆就是十几年。我就是在文化大革命开始的时候出生的，所以在我的成长记忆中，父亲就是一个农民，不过他还是农民的头，大队党支书。后来经过拨乱反正，虽然重新安排了工作，但他没有得到补偿。哥哥说十几年的工资加起来也是一笔不小的数目啊。我记得他总催我父亲去找政府要。不知道什么原因，他没有去。

我上小学的时候正搞忆苦思甜。我父亲给人当长工的事我最早是听另一个长工在全校忆苦思甜报告会上讲出来的。父亲的一生已成为历史，以前不知道的将来也不大可能会知道。根据我残存的一些记忆，潦写此文，以寄托我对父亲的哀思。

李杰克

2004 年 8 月 30 日寄自美国

后来岳父也因病离世，留下岳母孤单地居住在北京。想起这些都让晓忠和小燕心痛。

2006 年回国休假时晓忠特意回母校拜访了林校长，受到了林校长的亲切接见。林校长还把他新近出版的专著《向往成功》赠与了晓忠。

由于对亲情的难以割舍及校友会与国内的紧密联系，所以晓忠对回国发展这样的想法渐渐变得成熟，只待合适的机会。

2007 年 FICO 公司终于决定投资中国。跟其他早已投资中国的美国大公司比 FICO 有点晚，但是对晓忠来说也许是恰到好处。当公司决定派人到中国工作时晓忠就立即报了名。当时的约定只是到中国短期工作 6 个月，期满后可以选择回美国也可以呆在中国。经过海选，晓忠赢得了这次机会。

2007 年 10 月底,晓忠和小燕在出国 12 年后终于回到了北京。北京是小燕的故乡，那里有自己的家。北京对晓忠来说是第二个故乡，自己在那里生活了 12 年（1984-1996 年），有自己的老师和朋友。所以两人回到北京后对一切都感到格外的亲切。

二十九 落地生根

回国后的工作等同于是创业，晓忠经历了所有职场的波折和艰辛。

当时 FICO 公司北京分公司刚成立，既缺乏市场需要的技术，又没有团队。公司从银行拿到的项目是帮助银行实施巴塞尔新资本协议。巴塞尔新资本协议是国外制定的，是从风险控制的角度对银行的一种约束。

中国的银行要想国际化，就必须遵循该约束。其中的一项约束是对资本的要求。而对资本的要求可以根据银行资产的风险的不同而不同。因此，这就要求对资产的风险进行评级与测量，需要用到数学模型。

FICO 虽然有建数学模型的技术，但是缺少懂巴塞尔新资本协议的专家。晓忠通过自学与钻研以及向国外专家学习，硬是把自己迅速培养成这方面的专家，最终也赢得了银行与银监会的认可。

他应邀在 2008 年成都电子科技大学召开的第一届国际信用风险与管理论坛以特邀嘉宾的身份做大会主题报告。他还被选为零售银行咨询行业的唯一受邀代表，在 2010 年中国银行监督委员会完成对首批实施新资本协议银行预评估之后的首次讨论会上做重要报告。为中信银行实施的新资本协议零售评级项目，代表中国首次赢得了亚洲银行家 2010 年的最佳数据与分析类的大奖，并前往新加坡参加颁奖仪式和受奖。

三十 职业规划

在美国工作时，经常会听到职业规划这个词，但是晓忠从没有认真去想。因为在美国工作并不是铁饭碗，时常有被解雇的危险，能有一份工作就算不错了。比如FICO就是一家美国上市公司，他在FICO的那些年，正是美国互联网泡沫破裂以及911恐怖袭击之后，经济一直低迷，公司财务报表一直不好，所以每个季度公司都会裁人。他的同事们被裁掉了不少。

幸运的是，晓忠一直没有在名单上。偶尔在公司大会上聆听各位VP的发言时，晓忠会对号入座一下将来可能的职业发展的方向，曾想到了首席风险官。因为自己所做的就是风险相关的数据分析类的工作，做到最高就应该是首席风险官之类了。当然在美国他没敢多想，因为首席风险官在公司里是一个非常核心的而且非常高端的岗位，基本上被天花板给挡住了。

2007年回到中国之时，也正是国有大行纷纷上市的时候。因为上市，公司的组织架构也要求向国外看齐，其中一个突出的现象是银行高管中多了一个新职位，首席风险官。也就是说，从那时起，首席风险官这一职位从中国大型银行开始落地了。首席风险官，Chief Risk Officer，简称CRO。全球第一个CRO诞生于1993年。一份调查显示，2002年，美国只有20%的大型企业设有CRO职位，到2004年这个数字已经翻倍。

在中国，由于银行业逐渐加大对风险管理的认识以及上市合规性的需要，银行纷纷设立首席风险官或者风险总监，专门负责有关工作。前中国建设银行董事长郭树清，曾经对银行设立CRO的必要性发言说："向国际先进银行学习，为领导和管理银行建立健全科学的架构和制度，以专业化的经营管理团队进行专业化管理，确保银行有良好的财务表现和可持续发展的能力。"

首席风险官工作重要性，还体现在了他们普遍高于其他职位的薪酬待遇上。2011年公布的中国银行家薪酬榜，中国银行信贷风险总监詹伟坚，以1101.9万元年薪超越深发展董事长肖遂宁的825万元，夺得榜首。这些报道更加坚定了晓忠的职业发展方向，那就是成为一名在美国想过但不敢多想的首席风险官，一名高端职业经理人。

在中国FICO工作期间，晓忠主要是给银行提供咨询服务。FICO本身是一个乙方单位，得靠甲方（主要是银行）的项目为生。因此个人的专业知识与能力很重要，如果能被甲方认可，那就很牛。晓忠除了学历高，履历好，还很努力，想客户所想，真心解决他们的问题，因此很受银行客户的欢迎。

晓忠也结交了不少朋友。在中信银行工作的一年多时间里，晓忠每天拉着一个带轮的小旅行箱上下班，箱内装的是电脑及资料。没有用背包或挎包是因为那段时间腰椎间盘不好，拉个箱子对腰椎好。银行的领导冯博士见到此景后打趣地说："李博上的这个箱子装的可都是知识啊！"

由于双方合作很好，最终项目也很成功，晓忠还和银行方的隋博士一起代表各自单位去新加坡领奖。此次旅行也让晓忠和隋博士结下了深厚的友谊。

项目结束后的总结会上，中信银行管理层对项目的完成给出了很高的评价，表示"得到的比付出的多"。

晓忠发现在回国后自己的工作变了。在美国主要是做一些基础性的工作，而在国内，可以全方位地发挥自己的才能，包括与客户沟通，带领团队、项目管理等。由于晓忠的努力及工作需要，公司授予他"首席科学家"的头衔。首席科学家虽然让很多人艳羡，也很高大上，和首席风险官也很类似，但毕竟不是职业规划里的首席风险官，晓忠还差一个机会。

三十一　首席首席

回国三年后，即 2010 年 12 月，由于猎头的推荐，晓忠作为行业的"领军人物"被上汽通用汽车金融有限责任公司高薪聘请为消费信贷风险总监。

上汽通用汽车金融有限责任公司是我国第一家汽车金融公司，是由上海汽车集团和美国通用汽车公司合资成立的，是同行业的龙头老大。

晓忠的汇报线是美方，主线是汇报给总经理李文国（Rick Livingood），他是长期派驻在中国的美国人。虚线是同时汇报给中方总经理张晓俊和美国通用汽车金融总部的 CRO 布莱恩。可见该岗位是多么重要。

美国总部是在底特律的著名地标通用大厦。到过底特律市区的人一定会注意到市中心这座造型独特，由五幢圆柱形玻璃大楼组成的建筑群，它耸立在底特律河畔，与加拿大的温莎市隔河相望。加入公司不久，晓忠就被要求出差到美国总部述职和学习交流。到了美国后，晓忠受到了布莱恩热情友好的招待。布莱恩还特别在通用大厦的顶部餐厅设置了招待酒会，陪同的都是 CRO 们。

布莱恩还给晓忠安排了一间独立的办公室。窗外就是底特律河，河对面楼房清晰可见，那是加拿大的温莎市。门口临时挂了一个牌子，上写"CHINA CRO"。晓忠这才确认自己已经实现了自己职业目标，从一名首席科学家华丽转身成了一名首席风险官。

由于其它汽车金融公司都落后于上汽通用汽车金融，因此晓忠就成了中国汽车金融的第一个首席风险官。

在底特律的那段时间里，晓忠见了不少人，包括总部各条线的 CRO 以及部分其它国家或地区的 CRO。晓忠发现，在通用汽车金融总部，CRO 是一个头衔，并不是唯一的，它是有层级的，比如全球的 CRO，某个国家的 CRO，或零售条线 CRO，对公条线 CRO，或信用风险 CRO，操作风险 CRO。而中国汽车金融领域才刚开始设立 CRO，没有人做过 CRO，所以公司要招聘 CRO 就只能从相似的领域去找人，晓忠正是因此而被选中。

美国总部的老大在约见晓忠时说："我们一直担心在中国市场上找不到合适的人，但是他们居然找到了你，我们太高兴了。因为你有美国 FICO 的背景，又了解中国和美国，太好了。"因为 FICO 在美国真的很牛，所有金融机构都在用他们的产品或技术，每个美国人都有一个信用分，就叫 FICO SCORE。自然通用汽车金融和美国 FICO 也有合作关系，并且信赖 FICO。这无意中也给了晓忠机会。

晓忠的工作不仅是控制风险，还是中美股东之间的沟通桥梁，更重要的是晓忠把很多科技的东西融入到企业的生产系统中，让大家目睹了科学是如何转化为生产力的。在第一个三年合同结束后，公司主动地跟晓忠续签了合同。中方总经理张总对晓忠的评价是："原来担心你可能是个书生，不会沟通，但是你做的很好。不仅如此，你给企业带来了很多有价值的创新。"晓忠回国多年后终于找到了可以实现自己价值的位置，这也让自己当初选择出国及后来回国都那么有意义。实际上，晓忠早就从日常生活里大家对自己的称呼中感受到了大家对自己的信任。大家都亲切地叫他"博士"。

据《中国日报》2013 年 10 月 19 日发表的关于全球及中国企业高管人才市场的调查报告，亚洲（包括中国）由于经济最好，因此高管的平均薪水比欧美都高。当下中国最缺乏的就是有国外工作背景会说中文英文的人才。以前来自台湾地区和香港特区的高管人才偏多，但是现在从大陆出去留学回来的更加受到欢迎，因为他们更懂当地的文化。这类人才也是最缺乏的。晓忠就是这样的高管，晓忠从经常收到猎头打来的电话强烈地感受到了这一点。晓忠对自己的未来充满了信心。

三十二 投身"江湖"

这里说的江湖就是互联网金融。说它是江湖是指其无序生长的环境、互金风控领域的各路帮派，以及其凶险性。

随着互联网技术的不断完善与渗透，互联网金融开始出现。说到互联网金融，首先得提到 P2P（不需要银行的点对点的借贷模式）。投资人和借款人通过一个平台撮合就可以把借贷关系建立起来。当时都认为这是一种金融创新，既可以提高效率又可以降低成本。关键是它可以没有资本金的要求及杠杆限制，被认为是一种轻资本模式，所以很受资本的推崇。

最早的 P2P 应该是 2005 年 3 月成立的一家名为 Zopa 的英国公司。但是让 P2P 火起来的却是美国的 Lending Club。该公司成立于 2007 年并于 2016 年成功上市。中国如雨后春笋般地也涌现了几千家 P2P 公司。在 2014 年达到高峰，人们把 2014 年定义为互联网金融的元年。由于没有什么门槛，所以这些公司也是良莠不齐。再加上互联网金融本质上也是金融，所以风险还是蛮高的。

那个时候就有一个说法，未来 90% 的 P2P 公司都会倒闭的，但是谁也不会往自己所在的公司去想。这些超 5000 家的互联网金融公司在市场上疯狂挖人，尤其是风控人员也一下子水涨船高。首先是职位升了，5000 家公司就需要 5000 个 CRO，市场上根本就没有那么多合格的人。所以就降低条件，出现了只有 3 年信审经历就成为一家小公司的 CRO 的现象。当然大公司还是会精心挑选的。

在这种大的背景下，晓忠也动了投身互联网金融浪潮的念头。这些公司都有期权，而且都是奔着上市去的。

2014 年 8 月，晓忠经过猎头的推荐，经过了多轮面试后，斩获了平安集团下的陆金所的零售首席风险官的职位。

为什么去陆金所呢？其实在陆金所之前，还有另外一个机会就是宝马金融的首席风险官也是蛮不错的。

宝马汽车金融首次招聘 CRO，可挖的候选人不多，所以很自然就找上了晓忠。宝马金融在北京，晓忠一家当时也有回北京的想法。宝马汽车金融也高度重视这个职位，为晓忠提供了从上海到北京的当日来回的头等舱机票。早上 9∶00 左右从上海出发，11∶00 左右到首都机场。下午 1∶00 面试开始，2∶00 左右结束，4∶00 飞机返回。面试很顺利，虽然时间很紧，但是一路出行都是高规格的待遇，所以并不累。

宝马这个职位的一个诱惑点就是公司会给晓忠配一辆宝马 5 系专车。虽然晓忠当时很想去，但是也有一点小顾虑，那就是德国人的固执。比如在对待家属的医疗保险上面，虽然在中国公司一般是不给家属上医疗保险的，但是通用汽车和宝马汽车就不同。在晓忠的要求下通用汽车金融就很爽快地答应了，专门给他的家属购买了医疗保险。而宝马金融就不那么爽快，纠结了很久才给了一个变通的办法，再加上从通用到宝马工作本身没有太大的变化，所以晓忠最终还是放弃了 Offer。而陆金所却是一个全新的单位，陆金所全称是陆家嘴国际金融资产交易有限公司，在当时也算是最大的 P2P 公司之一了。

陆金所又是平安的掌上明珠，是含着金钥匙出生的，自然在费用上是相对要大方一些的。再加上在当时陆金所的名气正如日中天，比如陆金所的董事长计葵生是一名美国人，曾获得外国专家友谊奖。后来晓忠加入公司后，在计总的办公室里见到国家主席习近平和他握手的照片。多种因素考虑下来，晓忠决定加入了陆金所，担任陆金所的零售风控首席风控官。

给晓忠留下难忘记忆的是马总的面试（复试）。马总是创建了平安帝国的被称为"神人"的平安集团董事长马明哲。

首先是晓忠没想到这个职位马总会亲自面试，其次是那次面试的规格的确很高，与众不同。陆金所与上汽通用汽车金融都在陆家嘴，相距不到两公里吧。可能是马总亲自参加的缘故，晓忠明显地感到规格不一样。

首先是面试前一天 HR 就和晓忠确认面试时间，记得是下午 1 点 30 分。HR 还问是怎么过来，晓忠说是开车，HR 就问车牌号。面试那天，晓忠是算好时间过去的。大概是 1 点 15 分左右吧，晓忠还在路上就收到 HR 电话，问到哪里了。然后告知晓忠，到了平安大厦门口时不要进地下停车场，会有保安接待，把车停在门口就行。

果然，晓忠到了平安大厦门口时就有一个保安向他招手，可见保安已经记下了晓忠的车牌号，晓忠按照保安指定的地方停好车，刚下车就有专人接待，引导进入大厦。这一招真细心真周到，因为如果没有保安的特别安排自己开进地下室停车场找车位再找出口不知会耽搁多少时间。

进入大厦后，晓忠发现计总和分管陆金所的人力资源的石总也在一个电梯旁等候。而晓忠则被引向一个有专人控制好像在专门等候晓忠二人的电梯。电梯直接升到了顶楼，然后由马总的秘书引进马总的大办公室。时间差不多刚好在 1:30 前一点，然后看见计总二人也进了马总的办公室。

刚坐下，一个高大魁梧的人走了进来，大家都站了起来，是马总进来了。面试进行了一小时，主要是马总问晓忠答。马总手上有一张纸，上面是准备的问题。计总、石总、还有集团人力资源老大蔡总通过视频作陪。

马总虽然是面试官，但是很亲切。他问的问题就像拉家常一样，语调很平和。中间晓忠也给马总坦诚地说道自己只有一些专业方面的经验，只想继续做 CRO，没想做总经理或副总经理。最后录用晓忠的职位真的就是 CRO。

事后石总给晓忠说："原来给你的就是副总，结果你说你不要做。按照我们的理解你这样回答就是不合格，但是马总在总结时问我们，风控官是个偏专业性的岗位还是偏管理型的岗位呢？大家回答是偏专业性的。然后马总就说，既然如此他认为就是你了。"

从这次面试的经历来看，马总虽是个神一样的大人物，但是时间观念很强，而且马总亲力亲为还很亲切，其个人魅力与气场如果不亲自体验是感受不到的。平安的流程管理真的很到位，连这样一个面试的流程都这样细致入微，可以想象平安的业务流程管理该是多么好。所以晓忠很高兴也感到很荣幸能加入陆金所。

平安子公司众多，高管众多，再和马总说话就难了。所以那次和马总的谈话就显得难得和难忘了。晓忠加入陆金所后担任执委，是班子成员，之后和班子一起有幸和马总或汇报工作或一起吃饭，大概有三次，但再也没有单独谈过话。

三十三 老板犯错

在陆金所工作的那段时光给晓忠留下了很多美好的回忆，特别是管理层的班子成员们，虽然各自分管一方面的工作，但是大家在计总的带领下，相处得很愉快。

晓忠分管零售风控，刚开始时向计总直接汇报。

晓忠在六个月的时间里把团队和风控体系搭建起来。当第一份完整的风控报告出来后，晓忠安排了一次风控汇报会，汇报对象就是计总。计总认真听完了报告会，最后评价说："这是我第一次在陆金所看到这么详细，这么全面的报告，第一次让我对我们的风险状况有了全面和深刻的了解。"由于计总的评价很高，并通报了其它部门，不久就有其它部门的领导上门找晓忠来取经。计总的肯定让晓忠迅速站稳了脚跟，也让以后的工作开展起来更容易。

计总是一位地地道道的美国人，能讲一口流利的汉语。个子比晓忠高一些，年龄一样，生日就差两天，但是就情商来说绝对是晓忠的老师。计总格局、视野、沟通能力远超出一般的领导，尊重科学、努力工作、敢于担当、为人亲和、善于开解，具有特殊的个人魅力，和他共事是很愉快的。晓忠有一段时间周末在家时就想周一早点到来，因为上班可以见到计总。

后来集团安排一位新来的领导来管业务与风控。此人是互联网背景，完全没有金融背景，集团是希望增加一些互联网思维，综合现有的传统金融的思维，让陆金所的互联网金融多一些互联网的成分。这样必然会有一个思维碰撞的过程，比如在风控的管理的理念上，新领导的有些方法晓忠就接受不了，为此发生了不少争论。晓忠有一次闹了点情绪，很不开心，事情传到了计总那里。

第二天上午，计总紧急召见了晓忠。

计总说："杰克，你知道吗？我今天推掉了其它一切工作就是想和你好好聊聊。我其它事都不做了。"计总是个非常忙的人，平时找他的人很多。他真的关了门点上一支烟专门听晓忠诉苦。

计总没有批评晓忠。他们就是聊天，聊了很多。

到最后他说了一句："杰克，我觉得你从你的角度做一些坚持是没有错的，但是新任领导你的上级他也是为了工作啊，你想想，是不是？"

"是啊，但是他那些方法在我们专业人来看是明显行不通的啊！"

"别忘了，他才是对整个事情负责的人。你可以表达你的意见，但是你是下级啊。在某些时候我们不能改变的情况下，我们要允许老板犯错误，让事实来教育他。况且还有我，我会跟踪事情的发展。"

一语点醒梦中人。"允许老板犯错误"，晓忠以前可从没有听说过。晓忠对于别人犯错误，比如下属啊，一般都是很能接受的，只是从没有往老板身上想。大概是觉得在自己知情的情况下，要避免老板决策错误才是自己应该做的吧。

虽然在生活中与人打交道，晓忠也会妥协。但是在工作中特别是与科学方法有关的事情，晓忠那时的脑袋还是非常固执的。这大概是知识分子普遍存在的情商偏低的真实写照吧。

事实上，在工作中大多数决策都没有绝对的对或错。有的时候在某些方面是错了，在另一反面又是对的。反而，因为争论不休而阻止了事情前进的步伐，才可能是真正的"错"。

从此以后，晓忠永远地记住了计总的那句话："允许老板犯错误。"

在后来的人生经历中，晓忠有一些在创业型公司工作的机会，老板们都非常年轻。晓忠就是因为心里有计总那句"允许老板犯错误"，不知自我化解了多少个困难的时刻。晓忠也获得了大家的赞美："李博士资格虽老但特别好相处，很好沟通。"

2015 年下半年随着业务的发展，平安整合了部分零售金融资产，就形成了大陆金所以及其下属的普惠金融，原来陆金所的零售首席风控官的职位不复存在了。在整合后的一段时间里，虽然计总努力争取过，但是没有找到晓忠满意的职位。期间晓忠担任过产品风险部总经理、平安天津融资担保公司总经理、董事长等。后来在别的机会来临时，晓忠还是带着不舍的心情请辞了。

三十四　抵制诱惑

陆金所的金字招牌让晓忠也受到了更多的关注。比如上海财经大学研究生部成立了互联网金融专业，就来邀请晓忠去当研究生的导师。晓忠除了礼貌性地参加过几次会议，其它都拒绝了，主要是精力分不开。

由于互金公司如雨后春笋般不断涌出来，加上资本的助推，对人才的需求就特别旺盛，薪资也是水涨船高。在这片"你方唱罢我登场"热闹的江湖中，不能不提到"钰诚集团"。

钰诚集团是一家在安徽蚌埠的企业。当时其下属企业"e租宝"依靠铺天盖地的广告把名气弄得很大，同时其业务量也猛增，突然挤入了头部序列。钰诚集团成立了自己的招聘中心，用高薪广挖人才。当时有报道"全国高管奔蚌埠"，说明钰诚集团挖了很多人。在出事后，"e租宝"美女CEO张敏的交代中曾提到公司百万年薪的有80多人。

他们的招聘专家对头部企业几乎无孔不入。自然也找到了晓忠。当时钰诚集团除了在国内做得很大，在全球都有布局，还收购了一家在缅甸的东南亚银行。当时缅甸在打仗，很不安全。

钰诚要找晓忠担任钰诚集团的全球风控总裁，还要每年在缅甸东南亚银行工作三个月。当然年薪1000万以上，诱惑确实很大。但是晓忠觉得不踏实。于是决定亲自去一趟蚌埠，一是面试二是实地考察一下。

从上海坐两个小时的高铁就到了蚌埠，再叫个网约车大约半小时就到了钰诚集团的总部。那天是星期六，网约车带晓忠到了一座白色房子的门口停下。没有人接待，但是可以电话联系到身在北京的招聘经理。那房子白墙黑瓦，不是高楼，但是很大气，有点像人民大会堂的感觉，与周边的乡村景色对比显得突兀且不协调。

　　门口有几位穿白衬衣黑裤子的小伙子，或白衬衣黑裙子的姑娘，但是一看还是乡土气息很浓。到门口晓忠说明来意，说是根据约定来参加面试的，面试官是钰诚集团的董事长丁宁。门卫说先登记一下，然后就叫他在屋里等着。

　　说好的 10 点面试等到了 12 点也没有人过来接待。后来电话联系北京的招聘经理，对方说很抱歉，丁总今天在接待监管，是突然安排的，面试只能安排在明天，要求晓忠住一晚，这个落差有点大。另外，晓忠的感觉很不好，即使丁总突然有事，那么至少可以安排一个副总露个面接待一下。

　　整个行程除了电话联系之外晓忠没有见到一个相关的接待人。这个面试安排和宝马金融、平安集团没法比。晓忠由此判断钰诚集团很有可能是个外强中干的暴发户，其隐藏风险不可小觑。所以晓忠果断地拒绝了留宿一晚的邀请。尽管招聘经理一再解释和挽留。

　　回到上海后，那位招聘经理持续追踪晓忠，并多次恳求晓忠再去一趟蚌埠，说丁总非常有"诚意"。晓忠都果断地回绝了，坚决抵制了千万年薪的诱惑。后来听说晓忠认识的一位台湾籍的 CRO 加入了 e 租宝，在张敏手下工作，直到 e 租宝案发。

　　2015 年 12 月，公安机关对 e 租宝及其关联公司涉嫌犯罪问题依法立案侦查，抓获丁宁、张敏等主要犯罪嫌疑人。同时，冻结涉案公司及人员大量银行账户。

2017 年 9 月，北京市第一中级人民法院依法公开宣判：对钰诚国际控股集团有限公司以集资诈骗罪、走私贵重金属罪判处罚金人民币 18.03 亿元；对安徽钰诚控股集团以集资诈骗罪判处罚金人民币 1 亿元；对丁宁以集资诈骗罪、走私贵重金属罪、非法持有枪支罪、偷越国境罪判处无期徒刑，剥夺政治权利终身，并处没收个人财产人民币 50 万元，罚金人民币 1 亿元；对丁甸以集资诈骗罪判处无期徒刑，剥夺政治权利终身，并处罚金人民币 7000 万元。同时，分别以集资诈骗罪、非法吸收公众存款罪、走私贵重金属罪、偷越国境罪，对张敏等 24 人判处有期徒刑 15 年至 3 年不等刑罚，并处剥夺政治权利及罚金。

2017 年 11 月 29 日，北京市高级人民法院依法公开宣判钰诚国际控股集团有限公司等单位，丁宁等 26 人集资诈骗、非法吸收公众存款上诉一案，二审维持原判。

每每想到此事，晓忠都会倒吸一口凉气，感叹江湖到处都是诱惑，到处都有凶险啊。

三十五 踏入民企

　　当时还有两家企业也向晓忠抛出了橄榄枝。一个是北京的某保险集团，一个是上海本地的某创业型 P2P 企业。当时保险集团公司给出的职务是集团风控总裁，面试流程也基本走完了。但是该保险集团当时没有期权，而该 P2P 企业是一家较新的企业，老板是一个年轻的女士，给晓忠的职务是副总裁，管理风控这条线，期权是有的。

　　晓忠知道创业型公司风险比较大，但是综合考虑收益以及特别是公司就在上海本地等因素，最终晓忠选择了这家创业型 P2P 企业。晓忠当时看见很多朋友自己去创业了，难免有心动的时候，但是也知道自己不适合创业，那么加入一个已有一定规模的创业型公司就是个折中的选择。既可以做自己喜欢的专业又可以有创业的感觉。虽说大企业船大稳当，小企业船小不稳，但是对个人来说也不一定。比如平安的船够大够稳吧，可是因为内部整合晓忠不也是丢了职位吗？

　　另外从个人感受来讲，在小企业更有用武之地，更有成就感。事实上也的确如此，晓忠除了做风控之外，还要经常参加各种会议做演讲还要上媒体。晓忠一下子从幕后走到幕前，名气也大增。后来 FICO 中国区老大陈建曾对晓忠开玩笑说："现在互金风控有很多流派，FICO 系是其中一个流派。你就是我们 FICO 互金系的一方霸主。"当然晓忠知道陈建是客气，他才是 FICO 脉系的"总舵主"。

尽管这家 P2P 公司的老板在当时的创业算是取得了成功，但是毕竟还很年轻，经验与阅历有限，在遇到重大决策时难免会做出她认为最好但是实际上不是最好的选择。

在专业上，她请行业大咖来帮她，但是在公司战略上主要靠自己。在早期政府和监管支持 P2P 的情况下，公司没有出现大的问题。但是后来监管越来越严，从开始的支持到管控到最后的关闭，她要面临的问题越来越多，挑战也越来越大。

三十六 行业没落

从 2016 年 7 月到 2019 年 1 月，是晓忠在该企业工作的时间段，也是 P2P 行业从兴盛走向衰落的时间段。在兴盛时，该公司也差点成为美国纳斯达克中国金融科技第一股。那时公司购买了一个在美国的上市公司，准备借壳上市。SEC 审核通过了，媒体的消息发了，可是在最后关头因为某些原因老板改了主意，撤了回来，准备自己单独上市。但是政策变了，影响了经营结果，最终没有上市。

在 2018 年年底时，整个行业已经元气大伤，暴雷的、失业的、入狱的情况屡见不鲜。晓忠曾在一次给上海市政府建言的内部会议上表达了行业已呈"一半是海水一半是火焰"、"血雨腥风"的现状。下台后，主持人以及其他嘉宾都对晓忠私下说："您真敢讲啊！"言下之意，说话要注意点，不要说不好的一面。晓忠可没有那么多顾虑，心想既然请他来讲，当然要讲真话了。

第二天晓忠正担心是否闯祸了的时候，会议组织者打电话过来说有上海市政府政策研究室的领导要来拜访他，把他惊了一下。晓忠给老板汇报了这个情况，老板说这是好事，正好趁此机会给领导反映一下企业的真实困难，并希望将领导引到公司办公室参观。

两位领导准时而来，不过他们比较神秘，除了晓忠本人他们谁也不见，也不去办公室，他们选择在公司楼下的咖啡厅谈话。

首先他们不是来找麻烦的，说昨天他们就在会场，听了专家们的发言，他们就认为只有晓忠的发言最有意义，其他都是歌功颂德的，所以要单独再聊。他们的使命是给上海市政府提供政策依据。晓忠想这才合乎情理嘛。他们彼此加了微信，后来还见过几次。这样在某种意义上，那段时间晓忠成了上海市政府政策研究室的"特约顾问"。

晓忠对上海的印象一直都很好，也一直认为上海市政府也是办实事的，所以才敢知无不言。而且晓忠对上海也有感恩之心，比如 2017 年晓忠获得了上海市政府颁发的一笔可观的首席外国专家基金用于项目与生活补贴，上海的人才政策使很多人包括晓忠一家成为受益者。

三十七 感谢老板

　　加入民企后，晓忠有了近距离接触这些企业老板们的机会，特别是互金行业的老板们。尽管公司估值很高，老板们身价动不动就是数亿以上，但是行业的不确定性也很大，也经常有人宣布公司解散，或者锒铛入狱。2018 年年底的时候，晓忠在公司的安排下作为演讲嘉宾参加上海市经信委组织的行业年会。演讲期间，晓忠在谈到当前有些员工因失业或没有年终奖而抱怨老板时，即兴穿插了一个主题："感谢老板"，表达了对大多数互金行业老板们的理解和同情。这个主题是用一首诗来表达的：

2018 年的老板

今天你身家过亿
明天你可能一贫如洗
今天你人前显贵
明天你可能银铛入狱
2018 年的老板喔
你是真心不容易
今天你没给我涨薪
我不怪你
明天我失了业
我理解你
如果结局就是分离
一个拥抱一杯酒
我要说声谢谢你
道声珍重且行且珍惜
他日街上偶遇
你若功成名就
我会送上我的贺礼
你若还在谷底
我会助你一臂之力
我知道
2018 你真的不容易

在会上晓忠建议大家回去后见到自己的老板主动上前鞠一个躬，说一声："老板你不容易，谢谢你。"大家都听得非常入神，都被晓忠传播的这种略带煽情的正能量感染。演讲完毕，掌声雷动，一半以上的观众都冲上前，将晓忠包围起来，纷纷要求和晓忠握手并加微信好友。会后组织者在答谢宴会上也向晓忠表示了肯定，说要把"感谢老板"这一主题作为当前的正能量在行业内传播下去。

　　既然倡导大家感谢老板，晓忠也在第二天向自己的老板表示了感谢，她当场也很激动，拥抱了一下晓忠。她说："有你做同事真好。谢谢你的理解。目前行业真的很难，就当我们一起经历了互联网金融的一场浪花吧。"那时她还是那么执着地期待行业的春天。只可惜，她想等的那个春天再也没有来临。

　　由于行业前景黯淡，虽然老板领导的公司还要撑下去，但是晓忠却在公司发挥不出应有的价值了，在好几个月的时间里只是参加一些外部会议和活动，包括讲课、当评委、建言、带队做公益等。

　　最终晓忠选择离开公司。那是 2019 年 1 月。

三十八 双城飞人

　　晓忠离开了闹闹哄哄的 P2P，特别想休息一下，同时想好好考虑一下未来的职场之路。期间虽然猎头推荐了不少机会，但是筛选下来，晓忠觉得大多数不合适。主要有两个原因：大多数机会是外地的，少数本地的但是也是 P2P 相关行业。

　　清明节之后，晓忠收到了前述北京某保险集团人力资源部打来的电话，能与该保险集团续结前缘当然是愿意一试的。该保险集团虽然在北京，但是北京是晓忠一家可以考虑的唯一的外地机会。因为晓忠的岳母一家还在北京，回京与家人团聚也是夫人的一个心愿。

　　晓忠与此保险集团的面试总体还是顺利的，只是有一些小的波折。比如与董事长的面试就等了好几个礼拜，还有开始讲好的职位是集团新成立部门金融科技的负责人后又改为子公司产险信用保证保险事业部的副总经理兼首席风险官，来回拉扯耽误了不少时间。虽然最终都谈拢了，但是，晓忠也确实感觉到将来工作可能会有一些不顺的隐忧。

　　人力资源老大的谈话更是暗藏玄机："我不担心你的工作能力或专业水平，但我不确定我们的文化价值观是否适合你。"晓忠当时根本没在意，心想自己回国这么久了，自认为自己的适应能力还是有的。

　　晓忠在望京租了个大房子，准备全家迁到北京。迁不是简单的搬家，还包括孩子转学。当时也没有做调研，心想依晓忠的条件，孩子转学应该不是问题，所以是计划边工作边办各种手续。可是让人跌破眼镜的是，北京的学就是转不了。虽然家庭情况有些特殊，但是同样的情况，在上海就没有这个问题。这只能说明北京的政策没有那么细致或人性化。这样晓忠就过起了双城生活。

周五下午从北京到上海坐高铁或飞机，周日下午离开上海的家，乘飞机到北京，到北京的家一般也是深夜。第二天是周一，而公司有个周一早上 8:30 开晨会的习惯，晓忠作为领导班子成员不想缺席或迟到，加上北京周一早晨又特别堵车，所以晓忠必须起得很早。

有一天在公司突然感觉不舒服，头晕晕乎乎的。后来到医院一查，是高血压。医生说："你这个年龄 50 多了，当'飞人'是要出问题的。我建议你辞去现在的工作，回上海。"

除了以上原因，公司的文化的确很特别。比如，白天不常安排会议，下班时间到了却通知开会，又名"夜总会"。晚上开会，尽管有人建议一般不要超过 9:30，但是在那样的企业文化下，会议很少按这个标准执行。偶尔晚上开会没什么，如果经常如此，晓忠是受不了的。身体是一方面的原因，价值观冲突是另一方面的原因。在这种情况下，晓忠在工作 6 个月后果断辞职，结束了双城"飞人"的生活。

三十九 人生低谷

离开北京后晓忠想休息一段时间。回国工作这么些年，真的没有好好休个假。在美国时，每年或每两年都会休一个长假，一般是一个月左右。回国后，也许是职位高了，也许是国内的氛围就是这样，反正没有痛快地休个假。晓忠想趁此机会调理一下身体。那是 2019 年 11 月。

晓忠刚回到上海后不久，就听说有投资人把晓忠曾经工作过的上海的那家 P2P 公司告了，老板在机场被经侦带走。紧接着一个周日的傍晚，警察挨个去员工家里，带走了一批人。新闻也开始报道。

在晓忠眼里，该公司是一个正规有良心的公司。但是行业没落，导致不能及时兑付所有投资人（出借方）的本息，因此老板发布了一个打折扣的延期兑付方案，但是投资人不满意，加上老板也没有充分认识到做好多方面沟通的重要性，没有早做预案，最后被告了。

公司被查，账号被冻结，投资人本来可以每天收一些钱回来的，现在一分也收不着了。晓忠自己本身也是投资人，也受了很大损失，但是这都是次要的。晓忠更担心的是自己是否也会被抓进去呢？

虽然晓忠自己问心无愧且已离职，但是眼看着一个又一个的前同事被抓进去，包括更早离职的，自己难免会担心。曾想找个地方躲一躲,可是居然想不出一个安全的地方。由于护照被边境控制了,出国出不了,国内无论哪儿,如果警方想抓他,都会被找到。同时,晓忠也明白,为人不做亏心事,半夜不怕鬼叫门,索性哪儿都不去了,就呆在上海。

这期间,晓忠收到过各种问候,都是担心他会出事的。晓忠对此感到稍微宽慰一些,也对关心他的人表示由衷的感谢。

最终晓忠明白了,事已至此,躲是没有用的,索性就坦然面对吧。所以晓忠选择了就像正常人一样生活,不再那么焦虑了。晓忠想好了,如果必要的话,晓忠就积极配合各方的调查,争取让事情早点过去,让各种伤害和损失降到最小。

休息了一个月后,晓忠又想工作了。老闲在家里也不是个事。可是前公司的案子还没有结案,晓忠又是前核心高管之一,万一刚加入一家公司后就被经侦带走怎么办?对该公司也许会产生负面影响,所以晓忠特别纠结。

对于任何公司抛出来的橄榄枝,如果对方没有意识到,晓忠都会主动说明情况,报备可能的风险。结果在后续三个月里,虽然有两家大公司想邀请晓忠加盟,但是因为前公司被调查的新闻还犹在耳边,都不敢用了,晓忠就这样失业了。

虽然生活没有什么问题,但是对比过去事业上一路的顺风顺水,此时晓忠所遭遇的窘况无疑也是人生大反转。晓忠自己感叹道:"人生有高潮就有低谷,现在就是我的低谷吧!"

四十 "世纪瘟疫"

说是人生低谷，还有一个原因，2019 年底爆发了一场世纪大瘟疫，影响了全世界，那就是新冠肺炎病毒。从最初的封城到封国，严重地影响了人们的生活。截至 2021 年春节，全球已有超过一亿的人口被确诊，已有超过两百万人死亡。

晓忠一家原本计划在北京过 2020 年的春节且呆满一周以上。腊月二十九晓忠一家三口坐高铁去北京，当时已听说湖北武汉发现病毒，但是情况还没有那么严峻。晓忠一家人简单戴上口罩就上路了，在车上吃饭时也是取下口罩的。

到了北京吃完团圆饭后就感觉形势严重，各地已有开始封城的迹象，而且公路也可能封了。当时晓忠一家三口也着急起来。他们在北京有一辆刚置换的新车，原是晓忠在北京上班时用的，现在回上海开车回去最好，一是本来就需要把车运回上海，二是对于疫情防护来说开车不同于公共交通，相对比较安全。但是也有亲人朋友反对，说开车太慢，疫情形势变化太快，没准在路上就碰到封路或上海封城回不来。

所以左思右想，最后晓忠还是决定坐飞机回上海，这样最快。一家三口大年初二就返回了上海，那个春节过得很慌张，很狼狈。回来以后就赶上小区居委会鼓励居家隔离。隔离前去超市想囤积点食物，发现很多货架都是空的，特别是方便面这样的快餐食品早就卖光了。

全国范围内的居家隔离使得老百姓的生活发生了巨大的变化。原本喜欢出去吃饭的人家现在也不得不一日三餐全在家里了。人们有时间琢磨怎么吃的更好，所以很多家里的厨艺得到了长进；原本有些家庭男人因应酬很少回家导致家庭不和的，现在家庭关系得到了改善。

　　当然，这次疫情带来的更多的是不利的影响。有很多线下企业生意做不了，发不了工资；有的人疫情前出了国只能呆在那儿了；"神兽们"上不了学，每天呆在家里让父母们的生活更加难熬；因为全家都呆在家里，这时人们才发现有一个大一点的房子和绿化好的小区是多么重要。

　　幸运的是，2015年的时候晓忠在上海浦江镇购买了一套新建的别墅，装修时请设计师按照自己的需求做了多功能安排，比如单独的书房、琴房、洗衣房、影视厅、乒乓球室，画室等，加上小区很新，入住率不是很高，但是绿化非常好，可以散步、打羽毛球等，这样即使小区封闭他们一家也能基本做到各自有独立的空间做各自喜欢的事。

　　晓忠在2018年时曾对家人和朋友感叹自己多么幸运，赶上了国家发展的好时代。每每看那些血腥的战争影视剧，都会庆幸自己没有赶上战争；每每听到某地发生瘟疫死了多少只鸡，多少头猪，多少头牛，就庆幸自己没有遭遇人类的瘟疫。也许有些事情是不能念叨的，也许是命里注定的，2019年疫情真的来了，而且是一场"世纪大瘟疫"。

　　低谷也好，瘟疫也罢，晓忠没有抱怨，他把这些都看作是人生的一部分。既来之则安之。晓忠决定就利用这段空隙开始写点东西。

四十一 激流勇退

俗话说"逆水行舟，不进则退"，人生也是如此啊。各种因素考虑下来，晓忠萌生了可能会被迫提前"退休"的想法。晓忠查看了自己在美国的社保账户、401K 退休金账户、美国的房产股票等，发现自己提前退休是没有问题的。在晓忠回国后十余年里，晓忠在美国投资的资产都翻了一倍以上，而且还在上涨。晓忠决定不再那么拼了，与健康相比，再高的年薪，再好的待遇，再大的名气都是浮云。

虽说疫情曾经那么严重，虽说前公司的案子还没有了结，但是到 2020 年 3 月份的时候，疫情有了好转，人们已经复工，猎头们又开始给晓忠打电话。

当时晓忠一家人利用居家隔离的机会刚看完电视连续剧《安家》。《安家》里把房子卖出去叫开单。在上海有一种房子很难开单，那就是老洋房，但是一旦开单，价格与佣金都是非常高的。根据猎头找晓忠的频率来看，晓忠感觉工作机会要来临了。她的女儿开玩笑说："爸爸这个老洋房要开单了。"

晓忠和其中几家公司谈得还不错，但是还是外地的偏多。比如有一家头部消金公司，已经给了晓忠 Offer，完成了背景调查，就等晓忠点头正式入职了。同时还有另外一家，是 BAT 中的一家，已经和晓忠谈了 4 个月了，最初是作为高级顾问储备的，就等 2020 年 4 月份旧的顾问解约，晓忠作为新的顾问就可以上任了。

做顾问是符合晓忠的职业规划的。因为顾问是个 Part time 的工作，比较自由，压力不大，外地也无所谓。但是谈着谈着，他们觉得顾问太轻了，认为晓忠也是他们一直在寻求的 CRO 人选，CRO 宁缺毋滥已经很久了。于是面试变得更多、更正式、更复杂了。这家公司是晓忠经历过的最谨慎的，面试次数最多的，英语和中文都用上的公司，晓忠前后经历了 8 轮面试，都过关了。这家公司的待遇、品牌和平台高度应该与晓忠的资历更加匹配。

据说这家公司人际关系复杂，一般资历的首席风控官根本搞不定的。当然这家公司的总部也不在上海，但是上海也是有办公室的，晓忠是有点动心的。

就在此时，有一家上海本地的新浪入股的电商企业通过猎头与晓忠搭上了线。面试非常地简单，与一位年轻的董事长兼 CEO 见过两次就搞定了。也是因为晓忠对工资等待遇的要求降低了，因为那一刻他更看重本地工作的机会。比如晓忠在前一家企业工作时，差旅享受飞机商务舱的待遇晓忠是要求写进合同里的，谈判也花了一些时间。主要是为了防止集团公司内部整合或调动而影响了级别待遇。对此晓忠还真经历过了这样的情形，其他领导班子包括晓忠的上级都不能坐商务舱而只有晓忠才能坐的经历。

但是晓忠在经历了人生低谷之后，及时调整了自己的心态，更加珍惜那些重要的东西，而对物质和金钱的追捧也不像之前了。也是一种"五十知天命"的激流勇退吧。

晓忠在新的公司里，由于疫情以及前公司案子的原因，非常低调，不发朋友圈，不参加任何外部会议，一心一意扑在公司的风控工作上。从一开始，晓忠就给自己定了个目标，要再建一个标杆式的风控体系，要做成一个行业案例，为未来的写书计划准备素材。经过 6 个月的努力，晓忠做到了，取得了让各方面都满意的成绩。晓忠也对现在的工作环境很满意，既可以做些事情发挥价值，又不必有那么大的压力，同时把主要精力放在培养人才上。

四十二 人才培养

晓忠毕业于师范大学，原本是要当老师的，教书育人，但是命运却没有让他走这条道，留下了些许的遗憾。

晓忠虽然没有进入高校，但是在回国后的工作中，经历了几次组建团队和培养团队的过程，加上听过他演讲的观众，到如今也算是"弟子"满天下了。

要为人师，自己得满腹经纶，当然晓忠的"经纶"就是那些和数据相关的，和风控相关的道道。就这一点来说，他的那些高学历、亚欧美的工作经历让他很踏实。

在FICO工作期间，做的就是咨询工作，解惑答疑培训是常态，和大银行合作比较多，项目都包括知识转移的部分。

晓忠为各种场合当过无数次演讲嘉宾，演讲技巧也不断长进。有的是专门的培训会议，有的是论坛讨论会议，有的是嘉宾分享。在陆金所工作期间，晓忠曾多次被邀请到外面讲课。后来遇见新朋友或新同事时，常会听到对方说："李总，我认识您，我听过您的课！"

2016年，晓忠在国际会议朗迪峰会上做专题发言，首次表达了"维护消费者权益风控是把双刃剑，所以要找到风控的平衡点"的观点。媒体也做了大量报道，分享给更多人。有前平安同事反馈给晓忠，连马总都注意到了。

有些分享是有网络直播的。在有网络直播的情况下，观众更多。每次都有万人以上。晓忠还应邀给员工做了所谓的"大咖"分享报告。晓忠曾以自己的经历做了题目为《选择》的演讲，分享了自己在过去重要人生十字路口的选择经历来勉励大家：英雄不问出处，每个人都有自己的机会，只要抓住机会，做出正确的选择就会获得成功。没想到这次演讲效果很不错，并在所有历次演讲中按观众评分排名第一。因为效果好，晓忠又被加场再次演讲。

通过工作关系，晓忠直接培养了数十人，把他们从一个初级的风控人员培养成为一个高级风控专家或总监，他们的收入也从月薪几千升到几万，几年达到十倍以上的增长。这种通过工作关系来培养人才好像是自然发生的，但是对晓忠来说，并不是自然的、被动的，而是主动的。

虽然俗话说"教会了徒弟，饿死了师父"，但是晓忠不那么想。他就是要帮他们，要他们有成长，对个人来说是前途与事业家庭的保障，对社会来说是行业的发展与稳定。

晓忠刚加入这家电商企业时，风控相关岗位仅有的几个年轻人水平是非常初级的，从眼神就能看出对工作与前途都是一片迷茫。晓忠曾问大家认为自己是风控人员的请举手，大部分人都不敢举手。晓忠看着心疼，身上却有一股责任的力量在升起。晓忠相信他们是多么需要一位良师益友来提点他们，帮他们走出迷津，来重塑他们。

大部分员工本质上都是不错的，都有上进心的，只是缺个专业的领路人。领路人不是家庭教师，只是传授知识而已，领路人要带着大家一边学习，一边解决工作中的问题，帮助大家不断地获得成就感，从而有更高的解决问题的能力与自信，当然收入与奖金也更高。

晓忠一看团队结构，还差总监层，即在高级管理层与初级风控人员之间还缺少中间层，晓忠当时就决定自己亲自带。通过大半年的工作下来，团队果然大不一样，首先团队通过踏实而努力的工作不仅完成了公司的 KPI，还有一些创新，团队因此获得公司优秀团队的称号，工资奖金大幅增长。其次，团队的精神面貌有了巨大的变化，问他们原因，回答就是"底气足了"。人才就是这么培养出来的。

　　在培养人才方面，也包括对人才的提携。晓忠年轻的时候也求过别人给自己写推荐信，知道求人不容易。现在已不知不觉轮到别人找他来写推荐信了。考 MBA 的、去美国留学的、申请美国移民签证的等，晓忠都乐意为之。这既是对晓忠知名度的一种认可，也是晓忠功成名就之后对社会的一种回报。

　　有一次浏览网页，晓忠无意发现有人在知乎上提问："为什么李晓忠说风控的本质是追求利润最大化？"还有好心网友做了回答。可见在媒体的帮助下知识的传播力是多么强大。

　　晓忠曾纠结过，自己回国后没有投身国家直属院校或科研单位，是不是就没有机会给国家做贡献呢？但是看到那一张张从迷茫到自信的年轻的脸庞以及背后一个个充满笑声的鲜活的家庭，晓忠也知足了，也不再纠结了。晓忠相信自己的工作是有意义的，也了了没当老师的遗憾。

四十三 主义之争

因为工作面试的原因，晓忠有幸和很多大老板们面谈过。这些都是十分难得的学习机会。

首先，如果不是面试，这些老板们都特忙，哪有机会见到他们，所以晓忠很珍惜这些机会，有时候并不是真的想换工作，但是有面试的机会也会去参加。其次，通过面试，晓忠作为候选人可以知道自己在市场上被需求的程度、自己在市场的价值、自己的优势与劣势，更清醒地认识自己的位置，了解进退的情况，这样工作上就不会有太大压力。

同样道理，作为老板，也愿意通过面试的机会约见很多"大牛"。这些谈话内容一般是在书本上看不到的。除了问一些了解对方的问题之外双方都可以借此机会问一些自己比较困惑的问题。有的时候自己知道答案但是也不确定，需要与更多"牛人"交流来确认自己的想法。

有一次，一位 70 后的 CEO 率领其高管团队一起面试晓忠。在面试快要结束时他提出了一个问题："李总您在过去换了几个工作，在我看来您是在不断看机会的。您怎么看待机会主义与长期主义？"来者不善啊！晓忠明白该 CEO 是自己创业 10 余年才取得今天的成就，一定吃了不少苦头，而且一定有过挣扎纠结的经历，即在遇到困难时或有更好的机会时是否该放弃自己的初衷？很明显，在该 CEO 的眼里，晓忠就是机会主义者，而他是长期主义者，好像还硬要晓忠说出哪个好来？这就是个陷阱。

晓忠要是说机会主义好，那就是说长期主义不好，那就会得罪面试官。晓忠如果说长期主义好，那就是否定自己的过去，那就是说自己有不能坚持的缺点。所以就从该 CEO 的问题来看，晓忠已经感觉到彼此之间是缺乏互相欣赏的，因此对面试结果也就不那么在乎了。

因为面试不仅是公司对个人的面试，同时也是晓忠对公司的面试。从那个问题开始，晓忠就闻到了某种不和谐的味道，但是面试官的问题还是要回答的。

晓忠想了想，冷静地回答了几句："首先，我们都是机会主义者，所谓时势造英雄、顺势而为、借力打力等都是说机会的重要性；其次，机会主义也好，长期主义也罢，都是一个相对的概念。每个人都既是机会主义者，也是长期主义者，这要看目标是什么。比如您是创业者，您的目标是要建立一个公司，可能是个 100 年公司，要实现您的目标，您需要长期坚持。从这个角度说您必须是长期主义者。但是您为什么要放弃过去的工作而来创办这家公司呢？一定是您看到了某种机会，从这个角度讲您也是机会主义者。我是个职业经理人，是辅助您这样的人的。您需要我长期，我也许会长期坚持；您哪天不需要我了，我只能找别的机会。就我自己来说，我的职业规划的目标是做一个 CRO，这么多年我都没有变，期间有人高薪聘请我去做 CEO 我都没有动摇，说明我也是个长期主义者。至于换工作，多数情况是被迫的，那是一个有利于双方的优化结果。比如离开陆金所是平安内部整合的结果，离开 P2P 是行业没落的结果，跟我的坚持毫无关系。您觉得呢？"

说完晓忠舒了一口气。没想到面试完后该公司居然给了一个Offer。只是晓忠没有去，他要等更好的机会。

四十四 追求平衡

晓忠在做嘉宾分享时，常常被人问到对幸福、成功的理解。虽然晓忠没有研究过这些社会概念，但是结合自己的人生、结合自己的专业，他是有自己的理解的。也许正是基于这些理解，他才有了这样的人生经历。

成功比较好理解，实现自己的目标就是成功。但是一个人自己认为的成功在别人看来不一定是成功的。同样，自己认为的不成功在别人看来也许是成功的。这是因为人们对成功的标准的认识角度不一样。

从风控专业的角度如何看待成功呢？成功和风险有一定的关系。风险发生了无论如何都不能说是成功吧。风险的定义是发生非预期损失的可能性。也就是说期望值达到了，风险就没有发生，就是成功。如何避免非预期风险发生以实现自己的目标的过程就是风控。可见风控是走向成功的一个过程。

成功和幸福是什么关系呢？

著名节目主持人杨澜曾经采访过很多名人，比如诺贝尔获奖者们。采访完后她对什么是成功表示困惑了，为什么在常人眼里如此成功的科学家自己表达出来的却不那么幸福呢？

她写道："我们生活在一个渴望成功的时代，我也想成功，也想证明自己。我跑遍了世界各地去寻找那些成功的人，然后询问他们有没有什么成功的秘诀。我采访了上千位精英人士，对成功的定义有了质疑。"

1999年，她采访华裔诺贝尔物理学奖的获得者崔琦先生。崔琦告诉她，他出生在河南宝丰县，乳名叫"驴娃儿"，直到10岁也没有出过自己的村子，每天帮助父亲做农活、养猪放羊。12岁的时候，他的姐姐了解到了一个可以让他到香港的教会学校去读书的机会。他的父亲是一位不识字的农民，觉得家里就这么一个儿子，已经到了可以帮着干农活的年纪，不愿意放儿子走。但他的母亲对儿子有更高的期待，坚持要把儿子送出去念书。小崔琦舍不得离开家，母亲就安慰他说："下次麦收的时候你就可以回来了。"然后把家里剩下的一点粮食给他做了几个馒装在小包袱里。就这样，小崔琦跟着亲戚远走他乡，坐了一个星期的火车到了香港。但令他没想到的是，他再也没有机会回到自己的家乡，因为他的父母在20世纪50年代末的大饥荒中饿死了。

崔琦说："其实我宁愿是一个不识字的农民。如果我还留在农村，留在父母身边，家里有一个儿子毕竟不一样，也许他们不至于饿死吧。"

诺贝尔奖也好，科学的成就也好，社会的承认也好，都不足以弥补他的失去和永远的心痛，让他作为一个人的幸福感大打了折扣。

杨澜觉得不能只讲所谓的"成功故事"，而是要通过对人性更深层的了解和体会去理解幸福。

晓忠也完全赞同这个观点。幸福是人的一种感觉，而人性的需求是多方面的，有物质的，有精神的；有个人的，也有亲人的，五花八门，包罗万象，可以说只要与人有关的事情都会影响人的幸福。当然这里还可以分主要的与次要的。换句话说，人有多种多样的需求，比如，身体要健康，事业要成功，家庭要完整，关系要和谐，不为钱烦恼，还有一定的自由等。每方面都超好是很难得的，但是有一个严重缺失也是不行的，是会影响人们的幸福感的。但是人的精力是有限的，往往是做了这件事就不能做那件事，或这边用的精力多了，那边就少了。所以人生需要管理，管理的目的就是要避免乱，就是要追求自己主要目标的时候也要照顾好其他的需求。这才谈得上幸福。

管理学家德鲁克说过管理是一门艺术。艺术是什么？

艺术（拉丁语：Ars；法语、英语：Art；西班牙语、葡萄牙语：Arte；德语：Kunst）指凭借技巧、意愿、想象力、经验等综合人为因素的融合与平衡，以创作隐含美学的器物、环境、影像、动作或声音的表达模式，也指和他人分享美的感觉或有深意的情感与意识的人类用以表达既有感知且将个人或群体体验沉淀与展现的过程。

可见艺术与技巧、想象力、平衡相关。换言之，两个人做出来的艺术一定是不一样的，就像两个人画同一个物体，其作品一定是不一样的。所以有人说生活就是一门艺术，在这个世界上，每个人都是单一的个体；每个人都有自己的生活、自己的目标和自己的信仰，能够管理好自己生活的人才是幸福的。

晓忠的工作是风控，风控是管理的一种。风控是什么？本质上金融里的风控是指在满足一定约束的条件下实现利润最大化。就是说单方面实现利润最大是没有意义的，是失败的风控。比如其中有一个约束条件是"合规"，如果合规性没有被满足，那么再大的利润也是有风险的。崔琦实现事业上的成功比如获得诺贝尔奖是实现了个人成就的最大化，但是在他内心，他的幸福还有一个约束条件，他希望在"帮助家人幸福"的条件下实现自己成就的最大化。显然这一约束条件没有被满足，相当于他认为他对自己生活的风控没有做好，因此他不觉得"幸福"。

可见风控是各种成功的基础，也是获得生活幸福的基础，所以每个人都是自己生活的风控官。

晓忠认为，既然管理是门艺术，而艺术的核心是平衡，那么人要获得幸福就得会管理自己的人生，体现在生活中就是要追求平衡。所以成功且幸福的人一定是平衡高手。什么该争取什么该舍弃，什么时候进什么时候退都有讲究，那就是平衡。

晓忠高考的成绩都不错，门门都在80分以上，顺利考入北京师范大学。这是他追求平衡的结果。他也吃过苦头，在初三时，有一次总成绩很好，大多数科目也很好，尤其数学考了第一，但是地理只考了59分。最后一直被看好是三好学生的他居然落选了。班主任老师说："很可惜。但是我们要选的三好学生是各方面都很好的学生，是不允许有一门不及格的。"从此，晓忠知道了齐头并进的重要性并在以后做到了科科都不错的好成绩。

晓忠上了大学，成绩是很好，但是由于小时候家庭环境所限，他的业余爱好很有限。生活不能只有学习啊！所以晓忠参加了各种社团，恶补自己的不足，尤其把乐器重点补了补，这才使得他的生活充满了更多的乐趣，比如谈恋爱时，吉他用上了，后来能上春晚也和他会拉小提琴有关。

晓忠研究生学的是模糊数学，但是晓忠不想做纯理论研究，因为那样前途是有限的。于是他突破学校对自己的规划，主动自学了电路设计，成为一个理科和工科的全才。这才有了被推荐到比利时的机会。

在国内已经做了博士后，也有了一定的知名度后为什么还要出国呢？就是内心在面对留学生时有一些自卑感，没有出国留学的见识会让自己的幸福感少了一大块，所以在机会来临时就选择出国了。

到了国外，家庭汽车很普遍，发现自己不会开车，晓忠就马上买车学习驾驶，很快学会了开车，会开车无疑是增加了生活的幸福感。

晓忠做了两个博士后，年纪轻轻就出版了专著。但是内心还是很害怕贫穷的。所以在学问做到一定高度后就转向了职场，最终做了一名高管，实现了让自己和家庭不必为没钱而烦恼的梦想。

可见作为一个人，晓忠的需求是多方面的，包括工作上的与生活上的。晓忠发现自己一直都在平衡自己各方面的发展，所以基本没有很遗憾的地方，虽然也没有在某一领域取得巨大的成功，但是作为一个普通人，他是满足的、幸福的。

四十五 为人父母

晓忠2007年底回国，2009年得一女，取名笑笑，没有大名小名之分。晓忠给女儿取名笑笑的原因很简单，就是作为父母的李晓忠和李小燕对孩子不想设置"太高"的期望，不像很多其他父母，把自己一生没有实现的理想寄托在孩子身上，并从一个响亮的名字开始。这对初为人父母的夫妇只希望孩子一生幸福，让"笑"陪伴她一生。

晓忠回国的这些年也是孩子的成长时期。照说晓忠以工作很忙，自己不管孩子也说得过去。但是，孩子遇到麻烦，出了问题不也是父母的问题吗？晓忠看过一个电视专访，是采访英达的。其中一个观点让晓忠难忘也很受启发。那就是一个人的成功要包括让孩子也成功。

笑笑在小学毕业以前都是很不错的，各科学习成绩都很好，经常是全班第一，还被评为浦东新区优秀学生。除了课堂学习，她还在业余时间坚持学习古筝。

但是到了初中，身体和心理都在成长，学习成绩却开始下降。不仅是学习成绩的问题，晓忠还发现孩子干事情不那么专注了，总是一件事还没有做完就心不在焉了。一件事只想怎么快点完成，对过程细节不在乎，对结果不检查。

妈妈辅导英语和语文，数学就交给爸爸了。说："你一个堂堂数学博士，总不能见自己的女儿数学老考70几分吧。"晓忠原来是不想管的，自己小时候就没有让家长辅导，但是被夫人这么一说，再加上孩子的自信心看上去大不如从前了，晓忠也心软了。

晓忠把笑笑的考卷和平时的作业拿过来分析了一下，丢分的大部分原因不是女儿不会，而是思路不够清晰，比如分数加法减法首先必须通分，但是她会模棱两可，公因子和公倍数容易混淆，应用题无从下手，而且粗心大意，包括没有化简，只有个别的应用题可能难了些，但是只要方法得当，考个 90 多分是不成问题的。

晓忠就给女儿讲解自己所发现的问题，希望她能改过来，可是下次周考还是那样。怎么办呢？有时候晓忠也很生气，说话语气会重了些，但也帮不了忙，徒添了女儿不少委屈的泪水。

晓忠是学过教育的，总不能败在自家孩子身上吧！

灵感来了。女儿在幼儿园时就是记不住 12 个月份的英语单词，后来妈妈把这个情况告诉了远在英国的外教老师。外教老师想了个办法，把 12 个单词编成一个口诀，并唱出来。结果笑笑从此就记住了。看来需要把做题的方法做成口诀，让女儿背下来。考试就应该不是问题了。

期中考试前，晓忠把考试的注意事项（简称《六年级数学分数运算考试秘籍》）写成了以下的口诀：

六年级数学分数运算考试秘籍

加要通　（**注：加法分母先通分**）

减要通

乘法要约分

除法一倒变乘法　（**注：除数分子分母上下倒过来**）

分母通分公倍数

最好最小公倍数

约分约去公因子

最好最大公因子

应用题

别害怕

关键理解每句话

不会做

列等式

方程姐姐帮你做

做完题

要验证

最后结果要简化

高分自然高高挂

在考试前，晓忠的辅导不是题海战术，而是让女儿背口诀并深刻理解。女儿背口诀果然很厉害，很快就会背了。

期中考试结果出来前，晓忠还是很忐忑的。大话已经说出去了，不知道女儿考的怎么样。分数虽然不是最重要的，但是高分是会帮女儿赢得自信的。

结果总算出来了，98分。哇塞，差别也太大了。全家人，还有老师都很高兴。老师还点名表扬女儿进步很大。女儿的笑脸与自信也回来了。期末考试又做了一次实验，又是93分。看来方法还是很重要的。

随着女儿的长大，女儿应该帮父母做点家务的，所以洗碗的活大多数时候就会落在女儿身上。

刚开始女儿是不情愿的，洗出来的碗也不是很干净。有时候碗洗的很干净，但是总有一些"尾巴"没有完成，比如洗碗池没有收拾，或者餐桌没有收拾干净等，说了几次也没有用。

后来晓忠就示范给女儿看，一边自己收拾一边解说如何做。

等到女儿洗碗时，晓忠增加了一个验收的步骤，然后对验收结果打分。刚开始时，也就是7分左右。晓忠就对女儿说："我看出来了，你只付出了7分的努力，所以你就只能得7分。这就和你的考试一样。你如果想得10分，你就得付出10分的努力啊。"打完分不是终点，晓忠要求女儿把剩下的不足重新做一遍，直到晓忠满意为止。被晓忠指出来不足的地方，女儿也心服口服，都老老实实地重做了。

以后女儿洗完碗，晓忠就说："你自己先检查一遍，免得打分又低了还得重来。"这时女儿就会重新看一遍，把不到位的地方重新弄一下。然后说："爸爸，我好了，你来检查吧。"当然再检查时一般都是 9 分以上了。然后晓忠对家里人说："笑笑真不错，今天做的很好，爸爸给了 10 分。"做了几次后，爸爸再检查时，发现女儿洗碗的活再也不用操心了，每次都很到位。

洗碗虽然是小事，而且只是个家务事，但是在晓忠看来，家常小事正是培养孩子好习惯的机会。小事做不好，大事怎么做得了？

洗碗后检查和做完题后的检查都是一样的道理。晓忠相信，通过生活中的小事，一样可以达到教育的目的。

晓忠并不是一个很会做父亲的人，平时也有对孩子急的时候，急了之后也后悔。晓忠还是相信"儿孙自有儿孙福，莫为儿孙做马牛"，不会为了儿女去做过多的努力，但是在自己能力范围内如果能"有效"地帮衬一下还是很有必要的，毕竟儿女成功了，自己的成功才没有遗憾。

四十六 孤独之旅

人生的大半辈子已经过去，晓忠在感受到时光的流逝时对人生也有一些感悟。

人生好似一场旅行，而且是孤独的旅行。

他感觉一出生就像是上了一列前进中的火车，这辆火车永不停止，既不快也不慢就那么匀速前行。

一路上风景不断变换。晓忠从石首到北京用了 18 年，从北京到比利时用了 12 年，从比利时到美国用了 2 年多，从美国再回到中国用了 10 年。从中国的皇家园林到欧洲的大理石建筑，从纽约的摩天大楼到加州的田园风光，还有那各国美轮美奂的山川湖泊、森林绿地，给晓忠的人生之旅增添了不少美景。

一路上晓忠也遇到不少人。尽管有芸芸众生的相遇，但是没有一个人会自始至终陪伴他一生。人生自古聚少离多。就算是恋人也有"两情若是长久时，又岂在朝朝暮暮"。那些个"朝朝暮暮"都是孤独之时。晓忠第一次想家是在从石首到北京上大学后的第一个周末，和几位也有同样处境的老乡同学抱头痛哭，毕竟是第一次离家。晓忠刚到比利时的时候，是自己一人去的，尽管人来人往的，晓忠却感觉那么的孤独，毕竟是第一次出国。2019年晓忠在北京工作期间，尽管周末飞回上海，但平时下班回家只有冷冷清清的大房子，毕竟也是第一次打"飞的"过双城生活。

晓忠相信相遇即是缘分。如果把生命按时间来切分，80 岁等于 29200 天；等于 700800 个小时；等于 42048000 分钟，那么人的生命就是由一个一个时间片段组成的。晓忠对在生命当中遇到的每一个人都会珍惜。如果能单独相处一个时间段，哪怕只有一分钟一小时，那也是生命的一部分，也是人生长河中一次彼此的陪伴。所以晓忠选择与人为善，能帮则帮，不做损人利己之事。如果人有来生，下次相见就是熟人了。见面会打个招呼："嗨，你好，我们上辈子见过。"

身体的独处只是表面上的孤独。灵魂的独处才是真正的孤独。

灵魂，一指传说附在人的躯体上作为主宰的一种非物质的东西，灵魂不生不灭，离开躯体后人即死亡；二指生命的精神、思想、情感等；三指人格，良心。无论哪一种，都注定灵魂是孤独的。或许可以找个伴，幸运的话，找到灵魂的伴侣，但是由于人的精神、思想、情感是多样化的，所谓的伴侣也必定只是某些方面的、暂时的。

晓忠的女儿很小就住校读书了。有一次她告诉父母，有时候上完晚自习以后是一个人从教室走到宿舍去睡觉，一个人要在晚上孤独地要走个几百米。妈妈问："那时候你在想什么呢？"她说"我就看看星星，看看地上吧。"晓忠夫妇的心都化了。女儿那么小就必须独处了，真是难为了她。

可是我们受教育的目的不就是要教会我们独立吗？越是成功的人孤独感越强。

一想起自己的亲人会有如此的孤独的时刻，晓忠想到的就是珍惜在一起的时光。

所以晓忠对夫人一辈子都坚守一个承诺："当我们老了的时候，我不要你因为跟了我而后悔。"对待其他人，他也坚持："当你提起我的时候，不会因为我有任何不快的感觉，而是有一丝笑意挂在嘴边。"

晓忠的人生之旅还在继续，火车还在前进，偶有孤独陪伴。但人都有下车的时候，到那时孤独之旅就结束了。

附　录

科学殿堂

李晓忠和两位硕士导师合影，摄于 1990 年。从左至右分别为罗承忠教授、汪培庄教授、李晓忠。

"汪教授管外面，罗教授管里面，一起撑起了北京师范大学模糊数学研究基地的这棵'大树'。"

李晓忠和博士导师刘泽民教授合影，摄于 1992 年。

"刘教授是一位身材清瘦头发灰白的老人，不爱抛头露面，普通话也不怎么好。但是，做事非常踏实，对晓忠更是和悦有加。他相信晓忠的能力，给与了晓忠很多的自由和便利。他常说，一个人的最高学术成就一般都是在博士期间创造的。这应该是刘教授对晓忠的鼓励，晓忠对此很认同。博士以后的生活的确会不一样，需要更多地考虑家庭、工作及其他社会活动，精力也会走下坡路，自然在学术上的钻研就少了，所以晓忠非常珍惜博士学习这几年。"

"晓忠在博士期间，不仅出版了专著，还完成了博士论文。"

　　李晓忠向模糊数学之父扎德教授讲解核反应堆的模糊控制器的工作原理。摄于 1996 年，比利时。

　　"模糊数学创始人扎德教授亲临现场参观，晓忠给他当面讲解。后来该系统被移到核研究中心的橱窗里供参观和教育用。"

　　李晓忠和两位欧洲著名教授合影留念，摄于 1996 年。柯瑞（左）为根特大学教授，阮达的导师。哲曼曼（中）是德国人，国际模糊系统协会官方杂志的主编。

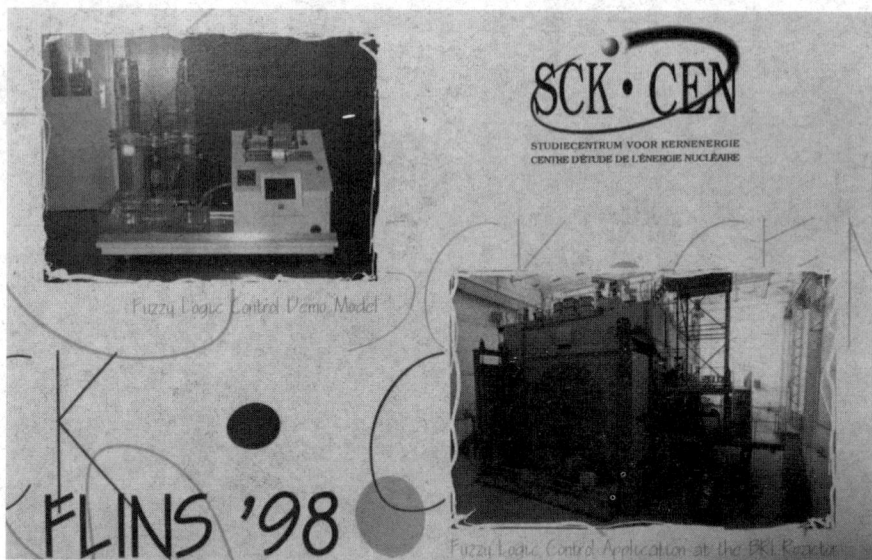

Fuzzy Logic Control Demo Model

SCK•CEN

STUDIECENTRUM VOOR KERNENERGIE
CENTRE D'ÉTUDE DE L'ÉNERGIE NUCLÉAIRE

FLINS '98

Fuzzy Logic Control Application at the BRI Reactor

　　"该模拟系统还被印在了会议发放的名信片上，飞向了世界各地。"左上角为模拟核反应堆的模糊控制装置。右下角为比利时 1 号核反应堆。

李晓忠 同学 参数自整定四行程模糊控制器

获得第二届中国大学生应用科技发明大奖赛三等奖。

一九九四年十二月

"受团委的委托，晓忠带上自己的模糊控制器代表北京邮电大学参赛并获得三等奖。"

模糊技术在北京师大

北京师范大学数学系　李晓忠

自 1965 年美国扎德教授提出模糊集以来，至今，模糊集理论及应用已逐渐受到世人瞩目。特别是眼下日本利用模糊逻辑的原理将一大批新潮、亲切而又独特的模糊产品（如全自动洗衣机、全自动烤炉，自动热器……等）推向市场，受到了学术界消费界，政府机构等各部门的广泛关注和欢迎。

北京师范大学汪培庄教授自 70 年代起就致力于模糊理论及应用的研究，如今，已在国内建立起一支很强的以他为学术带头人的模糊理论及应用研究队伍，汪培庄教授提出的模糊落影理论，因素空间，真值流推理不仅大大推动了模糊理论的发展，受到了国内外学者的高度赞誉，而且还被广泛用于其他项目和实践中。

北京师范大学数学系利用模糊理论开展的应用工作有：

● 成功地研制出世界第二台模糊推理机，这台模糊推理机运用了真值流推理不仅使其体积减小到山川烈博士研制的第一台模糊推理机的十分之二，而且速度也提高了很多。

● 将模糊理论用于地膜生产，研制出了我国第一台地膜生产模糊控制器。该项产品不仅使地膜的厚薄程度得到了很好的控制，而且创下了 1000 米无断点的记录。

● 诊断型专家系统及开发工业。它们主要运用了模糊落影理论及因素空间理论，准确率高达 80% 以上，现有的专家系统有：飞机发动机故障诊断专家系统、血液病诊断专家系统、地震预报专家系统等。

● 专用退火炉炉温模糊控制器。该控制器已投入使用，主要运用了模糊推理的方法，将熟练工人的经验培育为模糊逻辑，并发挥比较理想，该控制器已在一些单位投入人使用。

● 可编程 IBM 总线通用模糊推理板。该推理板可以有 16 个输入变量，输出变量可以有多个，通过编程将它嵌入 ICM 286 机槽以就可以控制指定的对象，这项产品于 1991 年 4 月上市。

● 带学习功能的智能机床，该机床采用模糊模式识别，模糊推理的方法，能学会熟练工人的经验和技巧，并记住他所干的货，学习完后即可启动重复他所干的工作，与数控机床相比，这种机床有特别优点。

● 基于因果聚类的模糊预测模型及分类排序的投资决策模型。主要应用于大事物的辅助决策，已在一些地、县级运用人使用。

（　）国家自然科学基金资助项目[1]

"他开始在不同的杂志上写文章介绍模糊控制技术。"

韩国《信息技术》杂志

　　"经过连续多个昼夜的奋战，晓忠在空荡的宿舍里写出了他人生的第一篇论文'神经网络与模糊逻辑'。大多数研究生在第三年才开始写毕业论文，晓忠在研究生一年级（1989年6月）开始写作到1990年发表，他比别人早了两年。该论文主要是向模糊数学界介绍神经网络，同时探讨神经网络和模糊逻辑结合的前景。由于内容与论点新颖，该论文很快被发表在权威杂志《模糊系统与数学》上，还被韩国《信息技术》杂志翻译成韩文发表。"

1992年　　　　　　北京师范大学学报(自然科学版)　　　　　　1992
第28卷　第2期　Journal of Beijing Normal University (Natural Science)　Vol. 28 No. 2

一类模糊神经元及其应用 *

李晓忠　　　罗承忠

(北京师范大学数学系, 100875, 北京新街大街; 第一作者25岁, 男, 博士研究生)

摘要　在假定人脑是这样一种结构上, 它的"硬件"是神经网络, 而它的"软件"是模糊思维的基础上, 提出了一类模糊神经元. 模糊神经元是对 McCulloch-Pitts 神经元扩展而得到的, 即将神经元的2个状态 (0 or 1) 扩展到 [0, 1] 的连续区间上, 这类模糊神经元能将神经网络与模糊逻辑很好地结合起来. 最成功的例子就是用它进行模糊神经控制. 这样的控制是模糊控制, 柔性较强, 但它们的结构却是神经网络结构, 因而具有双方的优点. Mamdani 模型、真值流推理等均可以用这类模糊神经元构成的模糊神经网络很容易地实现.

关键词　模糊神经元; 模糊神经控制; L_1模型; L_2模型

分类号　O159

0　引言

神经网络与模糊逻辑的结合现在正是国际上一大热点. 美国已举办了2次以"神经网络与模糊逻辑"为议题的国际会议, 日本在 1990 年 7 月也举办了同样议题的研讨会. 另外, 法国、新加坡、加拿大等国家都有专门从事神经网络-模糊理论研究的小组.

神经网络与模糊理论为什么能够结合呢? 事实上, 模糊理论是从思维机制方面研究人脑, 神经网络是从结构方面研究人脑, 目的都是为了研究人脑, 以期制造出更加接近人脑功能的新型智能计算机.

Seong-Gon Kong 和 Bart Kosko 曾比较了神经控制系统和模糊控制系统, 在一个 $100m \times 100m$ 的停车场上, 将1辆卡车倒回到汽车检修棚, 有2种控制系统, 一是模糊控制系统, 一是神经控制系统, 它们所控制的结果如图2所示, 从控制效果来看, 模糊控制要好得多, 就像一个驾驶专家在操作, 而神经控制的结果就像一个驾驶新手似的. 这里的关键在于模糊控制是用规则, 比较接近人的思维; 而神经控制则是通过大量的数据来训练这个网络, 不仅要花很多时间, 而且效果不好. 其实人脑在操作过程中, 并没有精确的数据, 而是受一种规则所支配. 老师教学生时, 他并不是把每种情况都教给学生, 他只是教给学生一般原则, 然后用一般原则去解决各种各样的问题. 这正如我们的控制模型, 是教它各种数据还是教它一般规则呢? 我们同意 Kosko 的观点, 即在有规则的情况下最好用模糊控制, 在不易获取规则时, 用神经控制.

神经网络是由大量结构基本相同的神经元联接而成的, 这样使神经网络的构造就变得很简单. 如果我们把神经网络和模糊逻辑结合起来, 即采用神经网络的结构而推理机制是

* 国家自然科学基金资助项目

收稿日期: 1991-09-26; 修回日期: 1992-01-20

研究生期间发表的论文

多路温度模糊控制系统

李晓忠　郭子真　刘泽民

（北京邮电学院无线电工程系）

1. 系统特点

该系统由不锈钢管，钢管中的挤塑螺杆，电热圈（包在钢管壁上）组成，要求各段回路的加热温度稳定在各不同的设定值上，以便整个系统正常运行。

该系统采用了 8031 单片机对多达 8 个区段的电加热分别加以控制，效果较好，该控制系统具有如下特点，

(1) 用一个模糊控制表分别对 8 段进行控制，性能/价格比高。

(2) 采用 D/A 变换器件控制双向可控硅的导通角。

2. 硬件设计

(1) 设计原则

我们要设计一种通用的特别适合于各种模糊控制的用户小系统，并有键盘和显示，还要有较高的性能价格比。根据这一原则，我们设计的硬件如图 1。下面作一些说明。

(2) 主机系统

主机采用 8031 单片微机，加上 EPROM (27256)，RAM (6264)，组成单片机的基本系

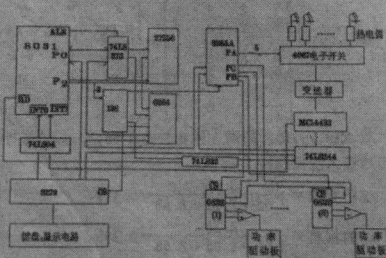

图 1　硬件电路图

统，数码管显示和键盘用一片 8279 管理，这样可节省 CPU 的时间。数码管的驱动采用北京集成电路中心的 8708 芯片，P_1 口用作指示灯和报警，扩展 I/O 用一片 8255。8255 的 A 口作为多路开关的选通口，B 口作为"控制数据"的输出口，C 口作为 D/A 的选通口，其中 B 口、C 口都经过 74LS244 以增加驱动能力。A/D 转换器采用 MC14433 芯片，也经过 244 作为缓冲输入。

(3) 多路传感器信号输入电路

博士生期间发表的论文

一种有效的模糊自适应控制算法*

李晓忠　刘泽民

（北京邮电学院无线工程系）

1. 引言

模糊自适应控制一般包括三个方面：

(1)调节比例因子；(2)调节模糊控制规则；(3)同时调节比例因子和规则．

其中(3)还存在一些需要进一步解决的问题，关键问题是如何在同一时刻既调节比例因子又调节控制规则，并取得较好的效果．对于(1)即所谓的参数自调整模糊控制器,从以前的结果看,它的确有助于改进模糊控制的品质;对于(2)即所谓的规则自调节模糊控制器,到目前为止,从所发表的文献来看,大都是在 Mamdani 的文章(1)的基础上发展起来的．但他们都没有逃离这样一个框架,即,建立一个类似于模糊控制规则表的性能量度表．在实际中我们发现,建立这样一个性能量度表的难度决不亚于建立一个合适的模糊控制表．本文的焦点就在于从完全不同的角度出发,寻找一种新的算法,避开人的主观性,使得控制器在算法的控制下从一任意初态(可在控范围内)都尽可能通过自适应调整规则从而到达理想点．

2. 性能判定准则

我们用 θ 表示误差(实际值－设定值),用 $\dot{\theta}$ 表示误差变化率,用 $\theta(t)$ 表示 t 时刻的误

在硬件设计过程中得到了北京航空航天大学 706 教研室的何立民和沈德金两位老师的指导和帮助,作者在此表示感谢．

参考文献

[1] 何立民,MCS—51 系列单片机应用系统设计系统配置与接口技术,北京航空航天大学出版社,1990年．

[2] 沈德金,陈粤初,MCS—51 系列单片机接口电路与应用程序实例,北京航空航天大学出版社,1990年．

[3] E. H. Mamdani and S. Assilian,"An experiment in linguistic synthesis with a fuzzy logic controller",Int. J. Man Mach. Studies, vol 7, no. 1, pp. 1—13, 1975.

* 国家自然科学基金资助

博士生期间发表的论文

重新建立一个新的样本数据文件，运用算法进行训练，表 6 是原来算法的结果，表 7 是改进算法后的结果．

表 7

θ/θ̇	NL	NM	NS	ZE	PS	PM	PL
NL		PL					
NM			PL	PL		ZE	ZE	NS
NS	PL	PL	PM	PS	ZE		NM
ZE	PL	PM	PS	ZE			NL
PS	PS	PS	ZE				NL
PM				NM	NL		NL
PL					NL	NL	NL

表 7 比表 6 多了三条规则，即

（147）=（NL,ZE,PL），（155）=（NL,PS,PS），
（217）=（NM,NL,PL），且都是正确的，另外，还改进了 4 条规则，即

(ZE,PS,ZE)→(ZE,PS,NS),
(ZE,NS,ZE)→(ZE,NS,PS),
(PS,PM,NM)→(PS,PM,NL),
(PL,NS,NS)→(PL,NS,NM)

我们还做过很多其他实验，结果都证明，通过我们的改进，所得到的模糊规则的准确率的确都有很大的提高．

另外，读者也一定注意到了，上边通过学习得到的规则总有一些空项，它意味着对应位置的规则空缺．这是由于样本数据不够全面的结果．但是，要获得全面的样本数据是很困难的．我们做过实验，对于满满的规则表，几乎没有不空缺规则，这是因为在控制中总有一些规则用不到．因此，学习的结果就自然会有一些空缺；Kosko 在[1]采用的原始规则表只有 15 条常用规则，因此，用它得到的学习结果自然就不会少了．但它的控制范围变小了，因为每条控制规则都有它的控制范围，硬要去掉一些，其结果只能使控制范围减小．扰动大时就控制不住了，对于这些空缺项，可以通过其他办法解决．

四、小结

本文以 Kosko 的规则自适应生成算法为基础，提出了两点改进方案，即在原来划分区间没有明确准则的情况下提出了区间划分原则—"0.5 划分原则"，以及在原来从不相容规则组中选取优秀规则的方法—"根据频率大小决定规则"的效果不好的基础上提出了"选取中间规则"，大大提高了学习生成模糊控制规则的准确性．这些都通过对倒摆系统的仿真实验得到了验证．同时，本文解决的问题也是有限的，对存在的其他问题也作了简单的交代．

参 考 文 献

1　Bart Kosko. Neural Networks and Fuzzy Systems, Prentice Hall, 1990

2　C. C. Lee. Fuzzy logic in control systems: Fuzzy logic controller-Part I. IEEE Trans. Syst. Man Cybern, 20(2), 404～418, mar. /Apr. 1990

3　A. G. Barto, R. S. Sutton and C. W. Anderson. Neurolike adaptive elements that can solve difficult learning problem. IEEE Trans. Syst. Man, Cybern, SMC—13(5): 834～846, 1983

4　Jyh-Shing R. Jang. Self-learning fuzzy controllers based on Temporal Back Propagation. IEEE Trans. on Neural Networks, 3(5), Sep, 1992

李晓忠　1966 年出生于湖北石首市．1984 年考入北京师范大学数学系．1988 年获理学学士学位．同年被推荐为该系应用数学专业的研究生，主攻模糊数学与控制．1991 年获理学硕士学位．同年考入北京邮电大学无线电工程系，攻读工学博士学位．研究兴趣包括：模糊理论，模糊控制，神经网络，自适应信号处理，自学习系统等，已在国内外发表 20 余篇论文及一本专著．

博士生期间发表的论文

北京邮电大学博士学位论文

关于自学习自适应模糊系统与模糊
神经网络的研究

研 究 生　李 晓 忠
指 导 教 师　刘 泽 民 教 授
学 科 专 业　电 路 与 系 统
论文起止时间　1992.9--1994.5

　　"他的博士论文被答辩委员会一致评为北京邮电大学优秀博
士论文。在答辩委员会的赞扬声中晓忠看到了导师刘教授满意的
笑容。作为学生，晓忠知道这就是对导师最好的回报。"

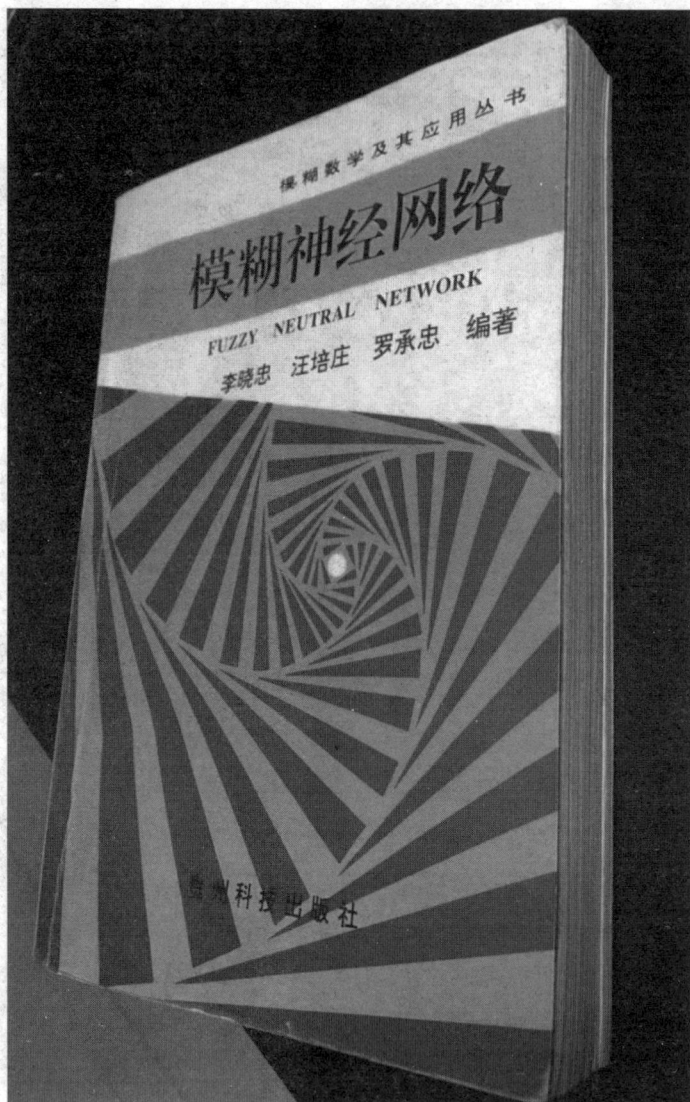

"1991 年他硕士毕业时收到了一家出版社的邀请，为模糊数学丛书撰写《模糊神经网络》。晓忠那年才 25 岁。"

　　"1991年12月30日的《科技日报》用了整整一个版面介绍了赵之心的公司及其成员。"

巧遇人生

论苑

　　"也是赵之心让晓忠第一次上了报纸。1991年12月30日的科技日报用了整整一个版面介绍赵之心的公司及其人员，特别强调模糊控制技术将在21世纪得到广泛应用，晓忠作为核心技术人员被采访。"

152　｜做生活的风控官

ICYCS'95   Towards the Information Age

Proceedings of the Fourth International Conference for

Young Computer Scientists

Edited by: Shuo Bai
Jianping Fan
Xiaozhong Li

Peking University Press
1995

"1995 年李晓忠参与组织第 4 届国际青年计算机科学家会议，并担任会议论文集总编辑。"

Chinese Journal of

ADVANCED
SOFTWARE
RESEARCH

Volume 3, Number 1, 1996

ALLERTON PRESS, INC.

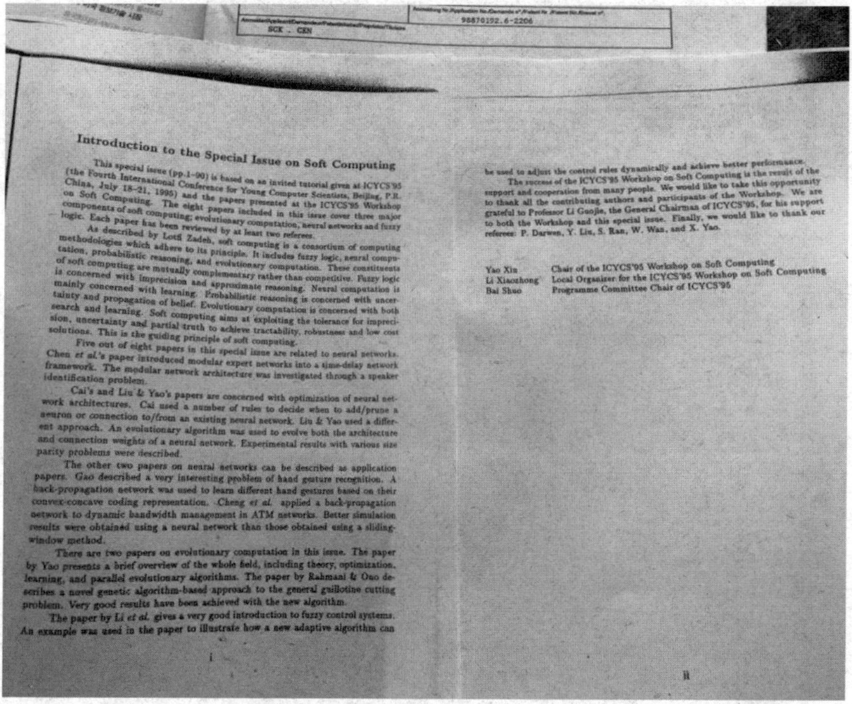

Introduction to the Special Issue on Soft Computing

This special issue (pp.1–90) is based on an invited tutorial given at ICYCS'95
(the Fourth International Conference for Young Computer Scientists, Beijing, P.R.
China, July 18–21, 1995) and the papers presented at the ICYCS'95 Workshop
on *Soft Computing*. The eight papers included in this issue cover three major
components of soft computing: evolutionary computation, neural networks and fuzzy
logic. Each paper has been reviewed by at least two referees.

As described by Lotfi Zadeh, soft computing is a consortium of computing
methodologies which adhere to its principle. It includes fuzzy logic, neural compu-
tation, probabilistic reasoning, and evolutionary computation. These constituents
of soft computing are mutually complementary rather than competitive. Fuzzy logic
is concerned with imprecision and approximate reasoning. Neural computation is
mainly concerned with learning. Probabilistic reasoning is concerned with uncer-
tainty and propagation of belief. Evolutionary computation is concerned with both
search and learning. Soft computing aims at exploiting the tolerance for impreci-
sion, uncertainty and partial truth to achieve tractability, robustness and low cost
solutions. This is the guiding principle of soft computing.

Five out of eight papers in this special issue are related to neural networks.
Chen *et al.*'s paper introduced modular expert networks into a time-delay network
framework. The modular network architecture was investigated through a speaker
identification problem.

Cai's and Liu & Yao's papers are concerned with optimization of neural net-
work architectures. Cai used a number of rules to decide when to add/prune a
neuron or connection to/from an existing neural network. Liu & Yao used a differ-
ent approach. An evolutionary algorithm was used to evolve both the architecture
and connection weights of a neural network. Experimental results with various size
parity problems were described.

The other two papers on neural networks can be described as application
papers. *Gao* described a very interesting problem of hand gesture recognition. A
back-propagation network was used to learn different hand gestures based on their
convex-concave coding representation. *Cheng et al.* applied a back-propagation
network to dynamic bandwidth management in ATM networks. Better simulation
results were obtained using a neural network than those obtained using a sliding-
window method.

There are two papers on evolutionary computation in this issue. The paper
by Yao presents a brief overview of the whole field, including theory, optimization,
learning, and parallel evolutionary algorithms. The paper by Rahmani & Ono de-
scribes a novel genetic algorithm-based approach to the general guillotine cutting
problem. Very good results have been achieved with the new algorithm.

The paper by *Li et al.* gives a very good introduction to fuzzy control systems.
An example was used in the paper to illustrate how a new adaptive algorithm can

i

be used to adjust the control rules dynamically and achieve better performance.

The success of the ICYCS'95 Workshop on Soft Computing is the result of the
support and cooperation from many people. We would like to take this opportunity
to thank all the contributing authors and participants of the Workshop. We are
grateful to Professor Li Guojie, the General Chairman of ICYCS'95, for his support
to both the Workshop and this special issue. Finally, we would like to thank our
referees: P. Darwen, Y. Liu, S. Ran, W. Wan, and X. Yao.

Yao Xin	Chair of the ICYCS'95 Workshop on Soft Computing
Li Xiaozhong	Local Organizer for the ICYCS'95 Workshop on Soft Computing
Bai Shuo	Programme Committee Chair of ICYCS'95

ii

“李晓忠还担任了 1996 年英语期刊《Advanced Sofware Research》特刊的总编辑。”

智能模糊控制系统

国家智能计算机研究开发中心　博士后　李小忠

　　"他逐渐受到了媒体的关注。《科技日报》的记者采访了他，并邀他为该报撰文。…报社特意配了编者按'本文作者系我国自己培养的著名青年模糊技术专家，参加了北京市九五规划'。

　　正是该文的发表让晓忠受到了联合国教科文组织驻京办的重视。他们派专员主动联系晓忠，表示对晓忠的研究很关注，愿意无偿为晓忠提供经费。这件事让晓忠感觉自己的事业充满了阳光。

　　当联合国的经费主动送到计算所时，连李国杰教授都禁不住好奇地问晓忠是怎么做到的，毕竟成功申请到科研经费是一件很不容易的事，何况人家主动送上门。"

ELSEVIER

Fuzzy Sets and Systems 90 (1997) 11–23

FUZZY
sets and systems

Novel neural algorithms based on fuzzy δ rules for solving fuzzy relation equations: Part I

Xiaozhong Li[a],[1], Da Ruan[b],[*]

[a]National Research Center for Intelligent Computing Systems (NCIC), Institute of Computing Technology, Chinese Academia Science, P.O. Box 2704, Beijing 100080, China
[b]FLINS – Fuzzy Logic and Intelligent technologies in Nuclear Science, Nuclear Research Centre, Boeretang 200, B-2400 Mol, Belgium

Abstract

Although there are some papers on using neural networks to solve fuzzy relation equations, they have some widespread problems. For example, the best learning rate cannot be decided easily and strict theoretic analyses on convergence of algorithms are not given due to the complexity in a given system. To overcome these problems, we present some novel neural algorithms in this paper. We first describe such algorithms for max-min operator networks, then we demonstrate these algorithms can also be extended to max-times operator network. Important results include some improved fuzzy δ rules, a convergence theorem and an equivalence theorem which reflects fuzzy theory and neural networks can reach the same goal by different routes. The fuzzy bidirectional associative memory network and its training algorithms are also discussed. All important theorems are well-proved and a simulation and a comparison result with Blanco and Pedrycz are reported. © 1997 Elsevier Science B.V.

Keywords: Fuzzy relation equation; Fuzzy δ rule; Max-min operator network; Max-times operator network; Fuzzy bidirectional associative memory

1. Introduction

It is well known that fuzzy relation equations are an important tool in fuzzy systems analysis, fuzzy decision making and fuzzy control. For example, any fuzzy system can be represented by a fuzzy relational equation system as

$$A \circ W = B, \tag{1}$$

* Corresponding author. Email: druan@sckcen.be, or: flins@sckcen.be.
[1] Supported by China Postdoctoral Research Foundation.

where A and B are input and output, respectively, and the compositional operator $\circ$ is generally a combination t-conorm/t-norm. In addition to conventional methods [4–6, 16, 18, 19], a new methodology to solve fuzzy relation equations using fuzzy neural networks [3, 7, 10] is emerging. Since neural architectures were incorporated into the fuzzy field, it has been reasonable for us to think of using neural network architectures to find a solution of a fuzzy relation equation. A typical network architecture is shown in Fig. 1, which contains an input layer, an output layer and some weighted connections. Its operation is to map an input vector (or pattern) $A = (a_1, a_2, \ldots, a_n)$ to an output vector (or pattern) $B = (b_1, b_2, \ldots, b_m)$, which

"在阮达对英文把关的基础上，晓忠的几篇论文以系列的形式在国际模糊系统协会的官方杂志《模糊集与系统》上相继发表。晓忠设计的'模糊神经元与系列算法'，开拓了一个用模糊神经网络解模糊关系方程的学术方向。系列论文的发表奠定了这一学术方向的实体，成了这一领域的开创性的工作。"

Computers and Artificial Intelligence, Vol. 17, 1998, No. 2–3, 127—150

FUZZY-LOGIC CONTROL APPLICATIONS TO THE BELGIAN REACTOR 1(BR1)

Da Ruan
Xiaozhong Li

Fuel Research Unit, Belgian Nuclear Research Centre (SCK·CEN)
Boeretang 200, B-2400 Mol, Belgium
email: {druan, xli}@sckcen.be

Abstract. Fuzzy-logic control (FLC) applications in nuclear industry present a tremendous challenge. The main reason for this is the public awareness of the risks of nuclear industry and the very strict safety regulations in force for nuclear power plants. The very same regulations prevent a researcher from quickly introducing novel fuzzy-logic methods into this field. On the other hand, the application of FLC has, despite the ominous sound of the word "fuzzy" to nuclear engineers, a number of very desirable advantages over classical methods, e.g., its robustness and the capability to include human experience into the controller.

In this paper we report an on-going R&D project for controlling the power level of the Belgian Reactor 1 (BR1) at the Belgian Nuclear Research Centre (SCK·CEN). The project started in 1995 and aims to investigate the added value of FLC for nuclear reactors. We first review some relevant literature on FLC in nuclear reactors, then present the state-of-the-art of the BR1 project. After experimenting FLC under off-line test cases at the BR1 reactor, we now foresee a new development for a closed-loop FLC as an on-line operation of the BR1 reactor. Finally, we present the new development for the closed-loop FLC at BR1 with an understanding of the safety requirements for this real FLC application in nuclear reactors.

Keywords: Nuclear engineering, fuzzy-logic control (FLC), FLINS, BR1 reactor, SCK·CEN

李晓忠在国外发表的其它论文

Da RUAN was born 10 September 1960 in Shanghai, China. He earned a BSc Degree in applied mathematics from Fudan University, Shanghai in 1983, a Certificate in Management from Leuven University, Belgium in 1990 and a PhD Degree in mathematics from Ghent University, Belgium in 1990. He held the positions of teaching research assistant at Fudan University between 1983–86, a PhD Researcher at Ghent University between 1987–90, a Post-doctoral Researcher at the Belgian Nuclear Research Centre (SCK•CEN) between 1991–93 and since 1994 has been the Senior Researcher and Project Leader at SCK•CEN. He is a concurrent professor at Beijing Normal University, China (1995–98). He is the editor of three books on fuzzy theory and has published more than 70 scientific publications. His major research interests lie in the areas of mathematical modelling, computational methods, fuzzy logic and artificial intelligence in various applications of the nuclear science and engineering fields.

Xiaozhong LI was born in 1966 in Hubei, China. He received a BSc degree in 1988 in mathematics and a MSc degree in 1991 in knowledge engineering and fuzzy information processing from Beijing Normal University (BNU) and a PhD degree in 1994 in Radio and Electrionic Engineering from Beijing University of Posts & Telecommunications (BUPT). From 1994 to 1996 he was a postdoc of National Research Centre for Intelligent Computing Systems (NCIC) and Institute of Computing Technology (ICT) of Chinese Academy of Sciences. Since October of 1996, he has been doing his second postdoctoral research at the Belgian Nuclear Research Centre (SCK•CEN). He has published more than 30 papers and one book. His current research interests lie in the areas of fuzzy logic control, neural networks, genetic algorithm, fuzzy relation equation and their applications in nuclear science.

论文尾部附有作者介绍

3

NOVEL NEURAL ALGORITHMS
FOR SOLVING FUZZY RELATION EQUATIONS

Xiaozhong Li and Da Ruan

Belgian Nuclear Research Centre (SCK•CEN)
Boeretang 200
2400 Mol, Belgium

ABSTRACT

Due to the difficulty in a given system of using neural networks to solve fuzzy relation equations, the best learning rate sometimes cannot be decided easily and strict thecretical analyses on convergence of algorithms are not given. To overcome these problems, we present in this chapter some novel neural algorithms based on fuzzy δ rules. We first describe such algorithms for max-min operator networks, then we demonstrate that these algorithms can also be extended to max-times operator network. Important results include some improved fuzzy δ rules, a convergence theorem, and an equivalence theorem which reflects that fuzzy theory and neural networks can reach the same goal by different routes. We also discuss the fuzzy bidirectional associative memory network and its training algorithms, and prove all important theorems with additional simulation and comparison results.

Furthermore, we propose a more powerful algorithm for solving many types of fuzzy relation equations. The algorithm is based on a specially designed fuzzy neuron. This fuzzy neuron is found by replacing the operators of the traditional neuron by a pair of abstract fuzzy operators such as $(\dot{+}, \dot{\circ})$, which we call fuzzy neuron operators. Afterwards, we discuss the relationship between the fuzzy neuron operators and the t-norm and t-conorm, and point out that fuzzy neuron operators are based on the t-norm, but are much wider than the t-norm. And finally, we report some simulation results of some pairs of typical compositional operators.

李晓忠被编入国外书籍的论文

13

INDUSTRIAL APPLICATIONS OF FUZZY LOGIC AND NEURAL NETWORKS IN CHINA

Xiaozhong Li

National Research Center for Intelligent Computing Systems (NCIC)
Institute of Computing, Chinese Academy of Science
PO Box 2704, Beijing
Beijing 100080, P. R. China

1 INTRODUCTION

Fuzzy logic development in the People's Republic of China started in the end of 1970s, but most work lay just on theory in the early time. About ten years later, the government of China began aware of the significance of fuzzy logic application in industry. In 1988 a national key laboratory on fuzzy logic research and development was established in Beijing Normal University, supported by the Department of Education of China. In the mean time, "fuzzy information processing and machine intelligence" was determined as a major national project supported by the Natural Science Foundation of China, led by Prof. P. Z. Wang who is a leading figure in China's fuzzy logic and also the director of the key lab mentioned above. From then on, a lot of researchers turned to fuzzy application. So far, fuzzy technology has been successfully widely applied in China to computer science, automatic control, earthquake engineering, system engineering, civil engineering, environmental protection, machinery, management science, thinking science, social science, medical science, weather forecast, literature, art, sports and psychology. Only in recent years has China begun to develop fuzzy-technique-based productions. For example, the Department of Economy and Trade of China threw a large number of money into developing "fuzzy productions"; a fuzzy engineering centre was established by Beijing Science and Technology Committee in May, 1993; some companies have been opened to research, develop and sell fuzzy productions; Beijing's ninth five-year (1996-2000) programme and 2010 long-term targets have planed to greatly develop industrial applications of fuzzy logic. In some recent applications of fuzzy logic, neural networks has been considered to be used as an auxiliary technique. For instance, neural networks

265

李晓忠被编入国外书籍的论文

Li, Xiaozhong
Boeretang 280
2400 Mol
BELGIQUE

Datum/Date	02/12/98

Zeichen/Ref./Réf.	Anmeldung Nr./Application No./Demande n°/Patent Nr./Patent No./Brevet n°
	98870192.6-2206

Anmelder/Applicant/Demandeur/Patentinhaber/Propietor/Titulaire
SCK . CEN

DESIGNATION AS INVENTOR - COMMUNICATION UNDER RULE 17(3) EPC

You have been designated as inventor in the above-mentioned European
patent application. Below you will find the data contained in the
Designation of Inventor and further data mentioned in Art. 128(5) EPC:

DATE OF FILING   : 11.09.98

PRIORITY   : /00.00.00/

TITLE   : An adaptive fuzzy controller and simulation
                        method

DESIGNATED STATES   : AT BE CH CY DE DK ES FI FR GB GR IE IT LI LU
                        MC NL PT SE

INVENTOR (PUBLISHED = 1, NOT PUBLISHED = 2):
    1/Ruan, Da/Boeretang 209/2400 Mol/BE
    1/Li, Xiaozhong/Boeretang 280/2400 Mol/BE

DECLARATION UNDER ARTICLE 81 EPC:
The applicant(s) has (have) acquired the right to the European patent
as employer(s).

                                        RECEIVING SECTION

F 1048 (03.94)   7003006   28/11/98
                                                      003

"核反应堆的模糊控制器的实现，无论在模糊数学届还是核科学界都是一项极大的创新，引起了很大的反响。比利时核研究中心因此受到了空前的注目，很多人慕名来参观学习，包括专业的和非专业的（当地的学生和百姓）。阮达将其中的技术还申报了三项欧洲专利。该项工作被评价为比利时核研究中心研究史上一个重要里程碑。"

The International Who's Who of Intellectuals

International Biographical Centre, Cambridge, England.

This Certificate of Inclusion has been awarded to

DR XIAOZHONG LI

in recognition of Distinguished Achievements which are recorded in the Thirteenth Edition of The International WHO'S WHO of Intellectuals

Signed & Sealed in Cambridge England.

Date 4th December 1998

Authorized Officer

李晓忠的简历被录入英国出版的世界名人录

January 15, 1999

Dr Xiaozhong Li
Ctr for Adaptive Sys Applicat
1911 Central Avenue
Los Almos NM 87544

Dear Dr Li:

The Board of Directors of the American Biographical Institute will choose an exceptional 500 individuals to appear in an unprecedented biographical reference volume that will span achievements during this century. Only those who have made significant contributions to society and professions will be considered for this Eighth International Edition. *Five Hundred Leaders of Influence*, to be published in late 1999 for introduction in the next millennium, will be recognized as a crown volume to other well-known reference works of this century.

As a nominee for *Five Hundred Leaders of Influence*, you are eligible for copies of the prestigious President's Selection . . . two deluxe leather volumes by reservation only, which will never be reprinted. Furthermore, the President's Selection includes a Twentieth Century Achievement Award protected and illuminated in a hand-polished, solid brass frame. Purchase is not a prerequisite for inclusion; however, you may wish to consider these personal keepsakes of such an honor.

Since space in the volume is so restricted, you are urged to respond by the date noted on the Reservation Form. If I receive your application and reservation by the requested date you will receive with your confirmation of inclusion an imprinted, metal bookmark, with tassel, that bears witness to your participation in *Five Hundred Leaders of Influence*.

Congratulations, Dr Li.

Yours respectfully,

J.M. Evans

J. M. Evans
President

P.S. I kindly ask that you return your reply for Five Hundred Leaders of Influence by **February 12, 1999**. You may recommend your colleagues for recognition in an ABI who's who by completing the form overleaf.

李晓忠的简历被录入美国出版的世界名人录

李晓忠被邀请加入纽约科学院

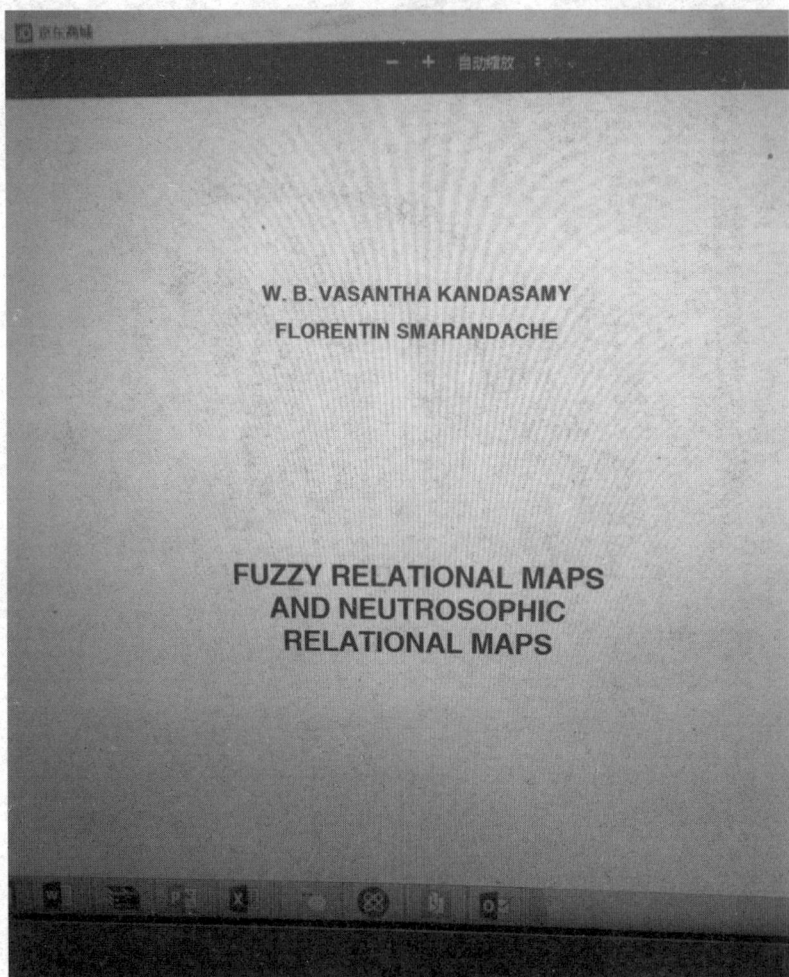

W. B. VASANTHA KANDASAMY

FLORENTIN SMARANDACHE

FUZZY RELATIONAL MAPS
AND NEUTROSOPHIC
RELATIONAL MAPS

　　"李晓忠的这些卓有成效的工作，被国际同行收入到他们编写的教科书中。"图片上为书名与作者。

Lemma 1.14.1: If the FRE is the form as (1), for giving m × n matrix Q and 1 × n vector r, the minimum solutions set $\underline{p}$ can be obtained by the above algorithm. Please refer [63] for proof.

1.15 Novel neural algorithms based on fuzzy S-rules for FRE

X. Li and D. Ruan [53, 54, 55] have given 3 papers in the years 1997, 1999 and 2000 as three parts on the same title. Their work is a commendable piece of work in the study of FRE and providing a novel neural algorithm based on fuzzy S-rules. In the year 1997 they have given a series of learning algorithm for max-min operator networks and max-min operator networks. These algorithms can be used to solve FRE and their performance and property which are strictly analyzed and proved better by mathematicians. An insight into their work is provided. For more please refer [53].

Any fuzzy system can be represented by a FRE system as

$$A \circ W = B, \qquad (1)$$

where A and B are input and output, respectively, and the compositional operator o is generally a combination t-co-norm/t-norm. In addition to conventional methods [14, 15, 29, 84, 86], a new methodology to solve FRE using fuzzy neural networks [15, 33, 54, 55] is emerging. Since neural architectures were incorporated into the fuzzy field, it has been reasonable for us to think of using neural network architectures to find a solution of FRE.

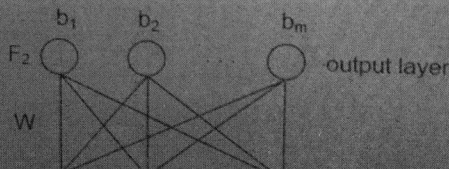

"李晓忠的这些卓有成效的工作，被国际同行收入到他们编写的教科书中，被评价为'值得尊敬'的研究成果。"图片上为收录内容。

Modeling Bank Client Behavior using a Search-Based Neural Network

Xiaozhong Li

Staff Scientist, HNC Software Inc.
5935 Cornerstone Court West , San Diego, CA, 92121
xzl@hnc.com, lixiao_98@yahoo.com

Abstract. Due to the special features of the data provided by the Bank-house Tatrabanka in Slovakia, such as, unknown attributes, limited samples, small values and small standard deviations, some different methods in data preprocess (z scale and linear scale) and modeling (logistic regression, partial least square regression and neural networks) were applied. Finally a best neural network based on a search algorithm was chosen to model the bank's client behavior data which can recognize about 75% of active clients in the training and about 71% of the active clients in the never-touched validation data.

1 Introduction

The main target of this work is to model bank customer behavior. It would be beneficial for bank management to be able to predict if a client is active or non-active. The bank has a tendency to take actions to keep clients from switching banks when they are non-active. The bank's goal is to minimize attrition.

The customer behavior is captured by 36 dimensional data (6 nominal and 30 continuous variables). The associations of the data with a particular customer as well as the real meaning of each of the presented 36 features are a matter of confidentiality

"2002 年，在工作之余晓忠获得 EUNITE 基于银行客户数据的世界数学建模竞赛个人第四名。"

以上是参赛论文。

Theorem 1 Let $\tau_1, \tau_2, \ldots$ be the times that transactions come in,

$\Delta\tau_j = \tau_j - \tau_{j-1}$, (j=1,2,...i), T is the time decay constant,

and

$$c_j^i = \frac{1 - e^{-\Delta\tau_j/T}}{1 - e^{-\tau_i/T}} e^{-(\tau_i - \tau_j)/T}$$

(j=1,2,...,i)

If $\Delta\tau_j \geq (\ln 2)T$ for (j=1,2,...i), then

$$0 < c_1^i < c_2^i < \ldots < c_i^i$$

(note: ln2 = 0.69)

"李晓忠撰写的内部报告包括自己的李氏定理获得了大家一致赞同，并成为新员工培训的必读教材。"

Theorem 2 Let $\tau_1, \tau_2,$ ... be the times that transactions come in and $\upsilon_{\tau_1}, \upsilon_{\tau_2},$ ... be the corresponding stream of data. Under the CEA, The daily rate prime

$$x'_{\tau_{i+1}} = (1 - e^{-\Delta\tau_i/T})\frac{\upsilon_{\tau_{i+1}}}{\Delta\tau_i} + e^{-\Delta\tau_i/T}x'_{\tau_i}$$

is equal to the legacy HNC daily rate

$$x_{\tau_{i+1}} = \frac{1}{T}\upsilon_{\tau_{i+1}} + e^{-\Delta\tau_i/T}x_{\tau_i}$$

"李晓忠撰写的内部报告包括自己的李氏定理获得了大家一致赞同，并成为新员工培训的必读教材。"

有关违约损失率(LGD)的折现率的研究

李晓忠

(费埃哲信息技术(北京)有限公司，北京 100140)

摘要：本文通过对贷款定价的理论的分析和对国际指引的分析，得出了选取折现率为无风险利率既符合理论又符合国际指引的解决方案。尤其是对国内商业银行而言，历史违约情况的LGD的估计基本上都是基于资产处置后的价格，有关回收金额的"不确定性"的问题已不存在，因此无风险利率就是最好的选择。

关键词：折现率；违约损失率；巴塞尔新资本协议；内部评级法

引 言

违约损失率(LGD)是采用内部评级法计提资本的一个重要因素。采用高级内部评级法的银行要自己估计违约损失率。在巴塞尔委员会的第 14 号工作论文"内部评级体系验证研究"(译文出自文献[1]中)，有关估计LGD的方法被分为 4 种：基于违约后现金流贴现的清收 LGD(Workout LGD)；基于可交易的违约贷款价格的市场LGD；按照资产定价模型由非违约债券价格推导出的隐含市场 LGD(implied market LGD)；及于全部损失和 PD 估计的隐含历史 LGD(implied historical LGD)。其中第一种是在实践当中用得比较多，第二种和第三种在市场缺乏流动性(比如抵押品是不动产)时就不适合。第四种要依赖 PD 并且不能精细到每一客户层面，被运用得较少，更多的讨论见文献[1]207 页。而第一种方法即清收违约损失率，是用清收过程得到的信息估计损失。违约的债项的损失使用现金流的贴现方法计算，包括从违约日到回收结束期间发生的清收成本。损失以违约风险敞口的百分比的形式计量。显然，选择适当的贴现率非常关键。但是在如何选择贴现率上存在很大的争议。由于理解不同，有的选用贷款发起日确定的合同利率，有的选用无风险利率加违约的日平均回收期内的风险溢价，有的选用在违约的当日相同风险资产的合适利率，还有选择违约的当日零息债券收益率加风险溢价。这些选择的理论依据是"合适的贴现率是与风险相符的贴现率"[1]。巴塞尔委员会也收到了来自工业界与学术界的需求，实践者们希望巴塞尔委员会能进一步明确地阐述还有关计算 LGD 的有关问题。于是 2005 年巴塞尔委员会发表了有关新资本协议段落 468 的指引[1]，其中有特别针对对折现率(即贴现率)的条款。但是，委员会仍旧时时调了他们的指引只是"原则上(principle based)"并且是"灵活(flexible)"的，从而可以放助继续实践，随着工作的进展在必要的时候可以再发表额外的指引。由此可见，有关 LGD 的折现率的问题，还处于探索当中。在实际中我们在协助银行实施巴塞尔新资本协议时也的确遇到了这种非常普遍的有关如何选择折现率的争论。纵观各国银行在实施新资本协议时所选择的折现率，真的是五花八门。本文的开始要做两个准备工作。首先是由于监管指引本身是模糊的，所以很多银行的做法是经不住推敲的。其次介绍一下有关贷款定价的从LGD的定义入手，进行一些数学变换，为后面更好地理解监管指引作准备。

收稿日期：2009-11-30

作者简介：李晓忠，费埃哲信息技术(北京)有限公司大中华区分析技术部首席科学家，博士。

说　明：本文只代表个人观点，不代表任何官方指引。作者对参与本文初稿讨论并提出宝贵意见的学者与同事表示感谢。

李晓忠回国后在企业工作时发表的文章

郭国庆，经济学博士，第七届全国青联委员、第八、九、十届全国政协委员，第十一届全国人大代表。现任中国人民大学商学院教授，博士生导师，人民大学中国市场营销研究中心主任，国家自然科学基金委员会管理科学部评审组专家，中国高校市场学研究会副会长，中国商业史学会副会长，Journal of Chinese Marketing 副主编，《中国营销评论》杂志副主编。

主要学术贡献。

（1）主持国家自然科学基金项目7项，出版多部专著，为中国营销理论的构建和完善做出了突出贡献，使中国的市场营销研究和应用与世界融为一体，多次担任大型国际营销学术会议主席。

（2）成功对市场营销理论进行了多方位的拓展，将中国市场营销理论从一般消费品营销拓展到了科技产品营销；将中国市场营销理论从产品营销拓展到了服务营销；将中国市场营销的主体从企业拓展到了非营利组织；将中国营销理论的地域视野从本土市场拓展到了国际市场，培养了以李海洋、张钺凡、吴剑峰、刘彦平、郭晓凌、刘伟萍等为代表的一大批国内外知名的年轻学者。

（3）在市场营销理论的传播与推广上成绩斐然，推动"营销"一词首次写进政府文件，通过培训、咨询等形式传播市场营销理论；通过国际学术交流将中国市场营销理论传向国外，主要著作：《市场营销管理——理论与模型》、《市场营销学通论》、《市场营销学概论》、《营销理论发展史》、《现代非营利组织研究》、《体验营销新论》。

李晓忠博士，美国FAIR_ISAAC公司大中华区的首席科学家。

他是早期研究模糊神经网络的学者之一，发表了中国在模糊神经网络这一领域的第一篇论文与第一部专著，其设计的模糊神经元与系列算法开拓了一个用模糊神经网络破解模糊关系方程的学术方向，其著名的国际模糊系统学会权威杂志"模糊集与系统"上的系列论文奠定了这一学术方向的实体，或记这一领域的开创性工作，他的这些工作已被国际同行收入到他们编写的教科书中，被评价为"值得尊敬"的研究成果。

在比利时留学期间，他为比利时1号核反应堆设计、安装、调试了模糊控制器，他的工作被比利时核研究中心评价为"重要里程碑"，2001年以"杰出人才"的身份移民美国。在2007年前他是FAIR_ISAAC公司信用卡反欺诈产品亚太地区技术总监，负责开发了许多多亚太国家的信用卡欺诈模型。

2007后将FAIR_ISAAC派回中国，领导了几家大型商业银行零售做①PD/LGD/EAD计量项目的开发，他的专业领域包括：信用卡与帐户，电信业及其反欺，银行业及其反欺，活客营销与优化等，他最近的领域主要集中在标签贷本协议在中国商业银行零售做门的实施。他作为主讲人员已多次参与给中国商业银行……在北京……年的培训报告交流，他为中国银行领导实施的新资本协议零售评级项目代表中国首次赢得了亚洲银行家2010年的最佳数据与分析奖历大奖，在创行庆祝发奖加颁奖仪式和受奖。

李晓忠登上杂志封面

难忘时刻

初中毕业全班同学合影留念，摄于 1981 年。最后一排右二为李晓忠。

"在这种清苦的环境下，晓忠很早就懂得了读书是唯一的出路。'书中自有黄金屋，书中自有颜如玉，'这句古语一直是晓忠的座右铭。由于喜欢读书，加上本人聪明伶俐，所以他的学习成绩一直很好，老师也很喜欢他。在绣林中学时，晓忠经常在全校大会上上台去领奖。奖品是一大堆作业本，所以他很少找家里要钱买作业本。晓忠的读书之路可谓是一路顺利，只是没想到这一读就是二十四年（包括博士后）。"

本科时期的李晓忠（左二）和同样考入北京的石首籍同学合照，摄于 1985 年。

"去北京之前，晓忠一直在石首读书，县城以外的地方就没去过。这一下子到了北京，自然很不适应。"

恋爱时期的李晓忠和李小燕，摄于 1988 年。

李晓忠和唐鹏威老师合影，摄于 1990 年。

　　"晓忠主动找到电子系的唐鹏威老师，跟他说了自己的想法，唐老师也是一位年轻人，个子不高，还略微有点发胖，圆圆的脸，浓眉大眼睛。他在介绍自己时，他有时会掐着嗓子说'你看我像不像唐老鸭？'憨态可掬的样子一看就是一位非常乐观和乐于助人的人。唐老师管理一个实验室，里面到处都是电路板，电子元器件等，他对电路板的设计，单片机的应用非常熟悉，而那正是晓忠所需要的。"

李晓忠研究生期间做学术报告，摄于 1991 年

　　"由于晓忠在一次国内神经网络的学术会议上的精彩报告得到了北京邮电大学刘泽民教授团队的欣赏，在得知晓忠的境遇后，刘教授向晓忠伸来了橄榄枝。就这样，晓忠进了邮电大学 91 级的博士班，专注于模糊系统与神经网络的研究。"

1996 年春晚表演现场，左二为李晓忠。

"1995 年底，原国家科委（后改为科技部）决定与中央电视台合作，在 1996 年春节联欢晚会上推出一个节目以庆祝国家 863 高科技研究计划 10 周年。"

"春晚导演组设计的节目是在北京现场由一组参加过 863 计划的科学家拉小提琴，在上海的现场由周小燕、程不时表演激光琴，合奏的曲目是《流光溢彩》。"

李晓忠和著名笑星马季合影，摄于 1996 年春晚现场。

　　"在排练的间隙晓忠有机会认识了很多明星，比如马季、陈思思、赵忠祥、倪萍、朱时茂等。虽然科学家乐队的专业水平比不了其他的专业演员，但是大家都对科学家乐队表示很好奇也很尊重。"

李晓忠和著名歌星陈思思合影，摄于 1996 年春晚现场。

　　科学家乐队部分成员与著名小品演员朱时茂（左五）合影，摄于 1996 年春晚现场。左三为李晓忠。

李晓忠和著名主持人赵忠祥合影，摄于 1996 年春晚现场。

李晓忠和清华大学胡东成教授合影，摄于 1996 年春晚现场。

　　"任职清华大学自动控制系主任的胡东成教授和晓忠成了莫逆之交。当了解了晓忠在模糊控制领域取得的成绩后，胡教授主动邀请他在博士后出站后加入清华大学任教。"

科学家乐队部分成员与 1996 年春晚总导演张晓海一行合影。前排左三为张晓海，后排右一为李晓忠。

"正月十五后国家科委举办了一个小型的答谢和庆功会，总导演张晓海率领文艺部的导演们和科学家乐队在北京某餐厅聚会。"

　　"席间有一个喝交杯酒的游戏，那就是电视台的成员和科学家乐队成员喝交杯酒，男女搭配。晓忠被一致推荐为科学家的代表和电视台最漂亮的女导演喝交杯酒，不仅为科学家乐队撑起'门面'，也给大家带来了很多乐趣。"

　　在比利时核研究中心的国际俱乐部和来自其他国家的学生们开派对。前排中为李晓忠，摄于 1996 年。

　　"摩尔市虽然小而偏，但是核研究中心毕竟是国有大单位，所以吸引了不少人才。科研人员大部分是来自欧洲其他国家的，如法国、德国、丹麦、波兰、捷克、斯洛伐克、俄国等，也有少数来自亚洲国家的，包括中国，日本，韩国等。

　　研究中心给这些人提供集体宿舍，每个人有自己独立的房间和淋浴间，厨房和卫生间共用。厨房就是大家常聚集聊天的地方，简直就像个国际俱乐部。"

图片摄于 1996 年，比利时核研究中心。阮达（左）和哲曼曼先生（右）。哲曼曼是德国人，国际模糊系统协会官方杂志的主编。

　　李晓忠为比利时设计的第一套用于演示核反应堆的模糊控制系统,该系统为李晓忠在比利时拿下博士后合同立下了汗马功劳。摄于 1996 年。

李晓忠和 SCK 的技术师们讨论实验方案，右一为义夫波特斯，SCK 最出名的技术师，摄于 1997 年。后排右二为李晓忠。

"这不是我们邻居办公室的义夫波特斯吗？他也笑了……他都六十岁了，应该退休了，就因为没有人能替代他，他才不得不继续工作。他总是一身白大褂，胸前的口袋里插满了各色笔，象一个卖笔的个体户。他的左手或右手口袋里总是随身装着一把卷尺。当我和他讨论问题的时候，时不时就见他掏出卷尺，这儿量一下，那儿比划一下，尽管我并不认为那每一下都是必要的。他的头发和眉毛也全白了，尽管如此，他却每天精神抖擞，忙得不亦乐乎。"

比利时核研究中心学术报告会议间隙的酒会上，1997年。左二为阮达，中间为李晓忠，右一为老高。

李晓忠与妻子在荷兰钓螃蟹，摄于 1997 年。

"晓忠夫妇向当地人学会了钓螃蟹的方法。其实很简单的。准备一个桶和一根绳子，去超市买一些鸡肉，将鸡肉绑在绳子一端，然后将鸡肉丢到海里，落地，手里握紧绳子的另一端，两三分钟后慢慢提起绳子，就会欣喜地发现鸡肉上面是一串鲜活的螃蟹，把螃蟹提上来之后直接放在桶里，抖一抖绳子，螃蟹就从绳子上落下来，继续把带有鸡肉的绳子丢进海里，重复这样的操作，半小时就会收获小半桶螃蟹。"

李晓忠在比利时钓鱼，摄于 1997 年。

　　"比利时的河比较多，鱼也多，都看得见鱼在水中游。也许是比利时人不吃河里的鱼的原因才使得鱼都泛滥了吧。晓忠和夫人在周末不出去旅游的时候如果天气比较好会去钓鱼，每次都收获不小。回去之后大的炖鱼汤，小的喂猫，很是惬意。"

李晓忠参观比利时布鲁塞尔的"尿尿小童",摄于 1997 年。

"比利时是高度发达的,是世界上工业发达的资本主义国家之一,各种特色的旅游景点遍布全国。首都布鲁塞尔有着号称全欧最美丽的大广场,欧洲最古老的购物街 Galeries St. Hubert 也在此地,广场上有世界闻名的'尿尿小童'铜像……"

李晓忠首次到美国纽约开会，摄于 1997 年。

"1997 年，晓忠的一篇论文被美国纽约某学术会议接受，晓
忠收到了大会组委会的邀请去参加会议并作报告。"

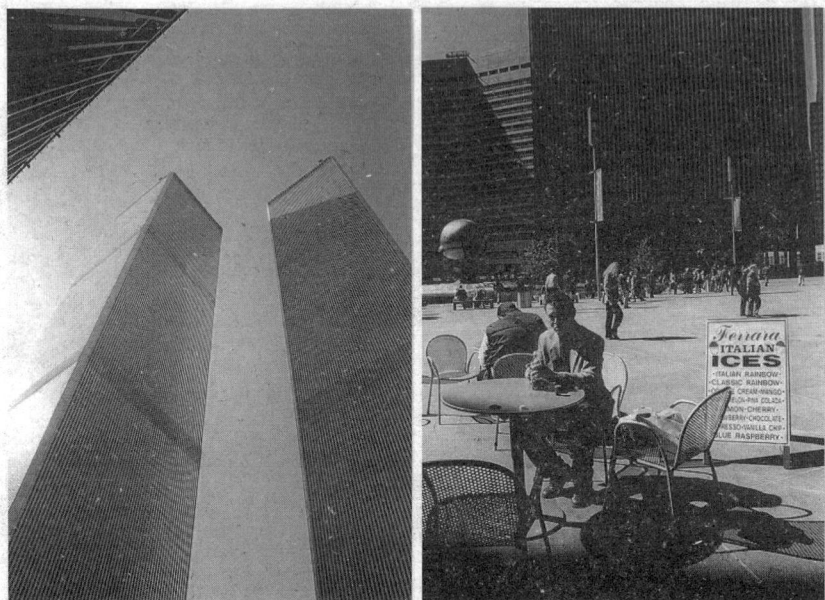

1997 年，李晓忠从比利时来纽约开会顺便参观著名的世贸中心双子塔（左）。右图为晓忠在街边背对世贸中心大楼喝咖啡。双子塔在 2001 年 911 恐怖袭击事件中坍塌。

"晓忠和妻子在友人的陪同下参观了自由女神像及美国世贸中心（双子塔，在 2001 年被恐怖分子挟持的飞机撞毁）。抬头看是耸入天空的摩天大楼，彰显了美国的现代文明与发达，低头看大街上各种肤色的人都有，晓忠就对小燕说：'他们都能在美国，我们为什么不呢？'"

再也见不着的纽约双子塔，摄于 1997 年。

李晓忠和扎德教授在捷克的布拉格合影，摄于 1998 年。

"有一次他们开车去捷克开会，需要从西向东横穿德国。一路上见证了东欧和西欧的差别。树和草的颜色在往东的方向上逐渐由绿变黄，房屋也逐渐变得破旧，显示了西欧的富裕和东欧的贫穷。"

国际狗展示会（Dog Show）的冠军，比利时核研究中心的工会主席、技术师杰夫（左一）和他妻子（左三）与晓忠夫妇在一次宠物狗展示会上合影，图片摄于 1998 年。

"杰夫四十左右，小个子，幽默风趣，英语很好。他特别喜欢狗，他家就有 17 只狗。他经常带着他的狗参加各种展示会，得过很多冠军称号。当今比利时国王阿尔伯特二世的父亲即阿尔伯特一世在位的时候，杰夫的一只狗被要求作为礼物送给来访的美国总统，他还被请去参加了赠送仪式。他认为这是他在养狗方面得到的最高荣誉了，有关的报导和图片就贴在他的办公室的墙上。此外，杰夫还是这儿工会的主席。也许是他的活动太多了，因此他对本职工作反而没有太大兴趣，总是在不得不做的情况下才从陈年柜子里翻出有些发黄的图纸，看了半天后说：'我去问义夫波特斯。'"

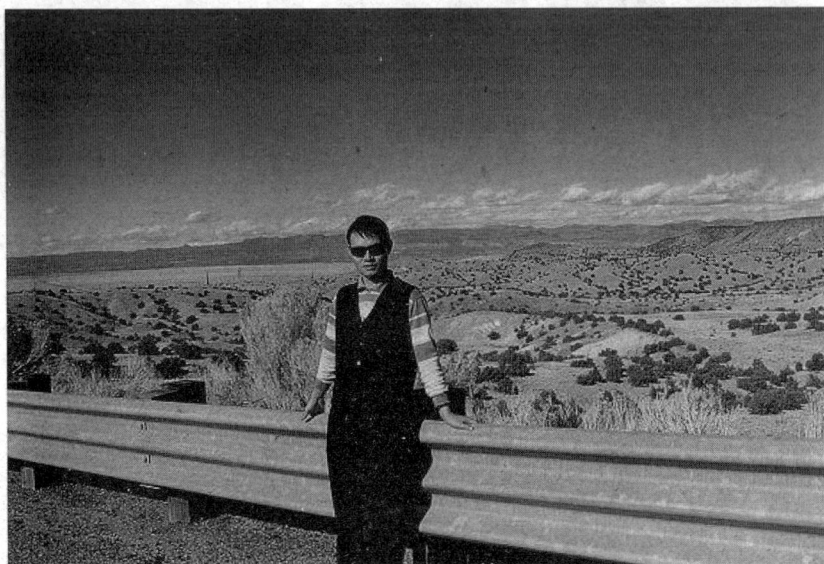

李晓忠在美国新墨西哥州拍照留念，摄于 1999 年初。

　　"1998 年 10 月，晓忠一家从比利时布鲁塞尔飞往美国芝加哥，然后换飞机到新墨西哥州的大城市阿尔伯克基，最后租车自驾到达新工作居住地洛斯阿拉莫斯，开始了正式旅居美国的生活。"

图为李晓忠人生第一个属于自己的新房。

2000 年时洛斯阿拉莫斯的山林发生了一场惊动全国的大火后，该房子同时接收了几家难民家庭。

"1999 年，晓忠在新墨西哥州首府圣塔菲买了新房，是一个真正的别墅。两层小楼，前后花园，外带双车库。这是晓忠和小燕的第一个真正属于自己的家。他们在搭建自己的爱巢上花费了很多心思。因为是新房，他们买了全套的新家具。后院种了草坪、蔬菜和果树。蔬菜收获最多的是西葫芦，其他还有茄子、南瓜、扁豆等；水果包括苹果、桃子、李子等。当然收获更多的是其中的乐趣。"

李晓忠夫妇（右下，右上）和友人一起游览旧金山金门大桥，摄于 2000 年。

李晓忠夫妇在圣地亚哥的著名海滩拉霍亚与常年栖息在此的海狮留影，摄于 2003 年。

"从洛杉矶往南驾驶一个半小时就到了圣地亚哥市。圣地亚哥市也是一个太平洋沿岸城市，位于美国本土的极端西南角，以温暖的气候和多处的沙滩著名。一年四季如春，棉袄基本是不需要的。其多处美丽的海滩更是吸引了无数的游人，既可以冲浪也可以潜水，尤其是拉霍亚海滩因为长年有成群海狮在沙滩上栖息，引来游人络绎不绝。"

李晓忠位于美国南加州圣地亚哥的房子,现已出租,摄于
2003 年。

"跟纽约的高楼大厦形成鲜明对比的是加州更多的别墅与田
园风光。"

　　李晓忠的美国同事和好友勃卜，2004年春节在晓忠圣地亚哥的家里参加派对表演箭头镖。

　　"在公司里虽然中国人有不少，但是晓忠选择更多地和美国人交朋友。晓忠最好的同事及朋友是勃卜。勃卜年纪比较大，50多岁，斯坦福大学的统计学博士，性格温和，不太善于交际。据他说主要是因为大家的年龄都比他小。但是勃卜实际是一个非常友好的人。"

李晓忠和同事兼好友勃卜在圣地亚哥的沙滩上，摄于 2004 年。

"晓忠和他总一块去吃午饭，一块去散步。晓忠一有任何问题都向他请教，包括语言的，工作的，生活的等。他总是那么默默地做事，从来不去和大家争提职的事。晓忠从他那儿学到了一个人拥有好的心态其实比什么都重要。"

2004 年春节，家人及好友在李晓忠圣地亚哥的家里开派对玩游戏。右二为李小燕，右一为詹姆斯，勃卜的儿子，后来成为震惊世界的 2012 年美国影院凶杀案的凶手。

"勃卜有一对儿女，儿子叫詹姆斯，女儿叫克瑞丝汀，妻子阿琳在医院里做护士。2004 年春节，晓忠一家还邀请朋友们包括勃卜一家四口到刚买不久的房子里来吃中国饭。当时詹姆斯才 16 岁，正在读高中，他腼腆，话不多，是一个听话的好孩子。"

李晓忠和父亲最后一次合影,摄于2004年5月湖北石首老家。

　　"几个月前,当我被告知父亲病危并赶回老家时,我亲眼见到了这种大家庭的浓浓亲情。我对我父亲说:'您和母亲多幸福啊,膝下有这么大一家子,从不会寂寞。'父亲笑了。"

2006年3月，北京邮电大学林金桐校长一行访问美国，受到南加州北邮校友会的热烈欢迎。前排左四为林校长，前排右一为晓忠。

"晓忠回美后成立了北邮南加州校友会，任第一任会长。北邮南加州校友会由于出色的工作，不仅吸引了当地的校友，还吸引了来自全美、英国、日本、加拿大等国的北邮校友加入，成了北邮名气最大的海外校友会，后来还组团参加北邮50年校庆。晓忠再次成为北邮的'名人'。"

2006 年 5 月访问北京邮电大学时受到林金桐校长的接见。

"2006 年回国休假时晓忠特意回母校拜访了林校长，受到了林校长的亲切接见。林校长还把他新近出版的专著《向往成功》赠与了晓忠。"

李晓忠和中信银行的隋博士（左三）在新加坡参加亚洲银行家 2010 年的年度颁奖晚会。右三为李晓忠。

"由于双方合作很好，最终项目也很成功。晓忠还和银行方的隋博士一起代表各自单位去新加坡领奖。此次旅行也让晓忠和隋博士结下了深厚的友谊。"

李晓忠在上汽通用汽车金融有限责任公司的办公室，摄于
2011 年。

"回国三年后，即 2010 年 12 月，由于猎头的推荐，晓忠被
作为行业的'领军人物'被上汽通用汽车金融有限责任公司高薪
聘请为消费信贷风险总监。"

美国底特律的城市地标通用汽车大楼

"美国总部是在底特律的著名地标通用大厦。到过底特律市区的人一定会注意到市中心这座造型独特，由五幢圆柱形玻璃大楼组成的建筑群，它耸立在底特律河畔，与加拿大的温莎市隔河相望。"

在通用大厦的顶层餐厅与美方的 CRO 们合影留念，摄于 2011 年。右二为布莱恩，右一为李晓忠。

"到了美国后，晓忠受到了布莱恩热情友好的招待。布莱恩还特别在通用大厦的顶部餐厅设置了招待酒会，陪同的都是 CRO 们。"

上汽通用汽车金融年会上的 Boss Show，摄于 2013 年。佐罗就是李晓忠。

"在第一个三年合同结束后，公司主动地跟晓忠续签了合同。中方总经理张总对晓忠的评价是：'原来担心你可能是个书生，不会沟通，但是你做的很好。不仅如此，你给企业带来了很多有价值的创新。'晓忠回国多年后终于找到了可以实现自己价值的位置，这也让自己当初选择出国及后来回国都那么有意义。实际上晓忠早就从日常生活里大家对自己的称呼中感受到了大家对自己的信任。大家都亲切地叫他'博士'。"

陆金所的部分领导班子年会合影，摄于 2014 年。前排左一为李晓忠，左二为计葵生。

"在陆金所工作的那段时光给晓忠留下了很多美好的回忆，特别是管理层的班子成员们，虽然各自分管一方面的工作，但是大家在计总的带领下，相处得很愉快。"

李晓忠和计葵生单独合影留念，摄于 2014 年。

"计总是一位地地道道的美国人，能讲一口流利的汉语。个子比晓忠高一些，年龄一样，生日就差两天，但是就情商来说绝对是晓忠的老师。计总格局、视野、沟通能力远超出一般的领导，尊重科学、努力工作、敢于担当、为人亲和、善于开解，具有特殊的个人魅力，和他共事是很愉快的。晓忠有一段时间周末在家时就想周一早点到来，因为上班可以见到计总。"

李晓忠应邀为上海财经大学研究生课程建言，摄于 2015 年。

"陆金所的金字招牌让晓忠也受到了更多的关注。比如上海财经大学研究生部成立了互联网金融专业，就来邀请晓忠去当研究生的导师。晓忠除了礼貌性地参加过几次会议，其它都拒绝了，主要是精力分不开。"

李晓忠在平安讲完课后和学员们合影留念，摄于 2016 年。

"晓忠为各种场合当过无数次演讲嘉宾，演讲技巧也不断长进。有的是专门的培训会议，有的是论坛讨论会议，有的是嘉宾分享。在陆金所工作期间，晓忠曾多次被邀请到外面讲课。后来遇见新朋友或新同事时，常会听到对方说：'李总，我认识您，我听过您的课！'"

李晓忠参加第二届全球 CRO 峰会和陈建合影，摄于 2016 年。

"后来 FICO 中国区老大陈建曾对晓忠开玩笑说：'现在互金风控有很多流派，FICO 系是其中一个流派。你就是我们 FICO 互金系的一方霸主。'当然晓忠知道陈建是客气，他才是 FICO 脉系的'总舵主'。"

　　李晓忠参加世界互联网大会，和诺贝尔经济学获奖者托马斯
萨金特教授合影，摄于 2016 年。

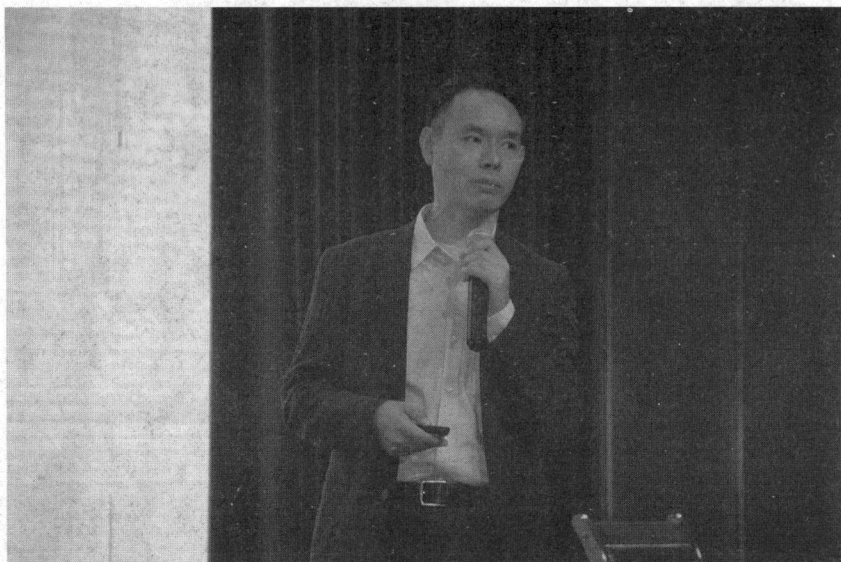

　　2018 年 10 月 19 日，由中国银行业协会举办的商业银行行长高级研修班在宁夏银川开班，李晓忠受邀给两百多位银行领导们讲授风控反欺诈。

李晓忠参加给上海市政策建言的论坛，摄于 2018 年。

公司团建，李晓忠带领团队参加公益活动，摄于 2018 年。

李晓忠参加公益活动，捡拾景点垃圾，摄于 2018 年。

　　李晓忠在同盾科技声纹识别建模大赛担任评委，摄于 2018 年。左三为李晓忠。

李晓忠一家三口高铁合照，摄于 2020 年。

"腊月二十九晓忠一家三口坐高铁去北京，当时已听说湖北武汉发现病毒，但是情况还没有那么严峻。晓忠一家人简单戴上口罩就上路了，在车上吃饭时也是取下口罩的。"

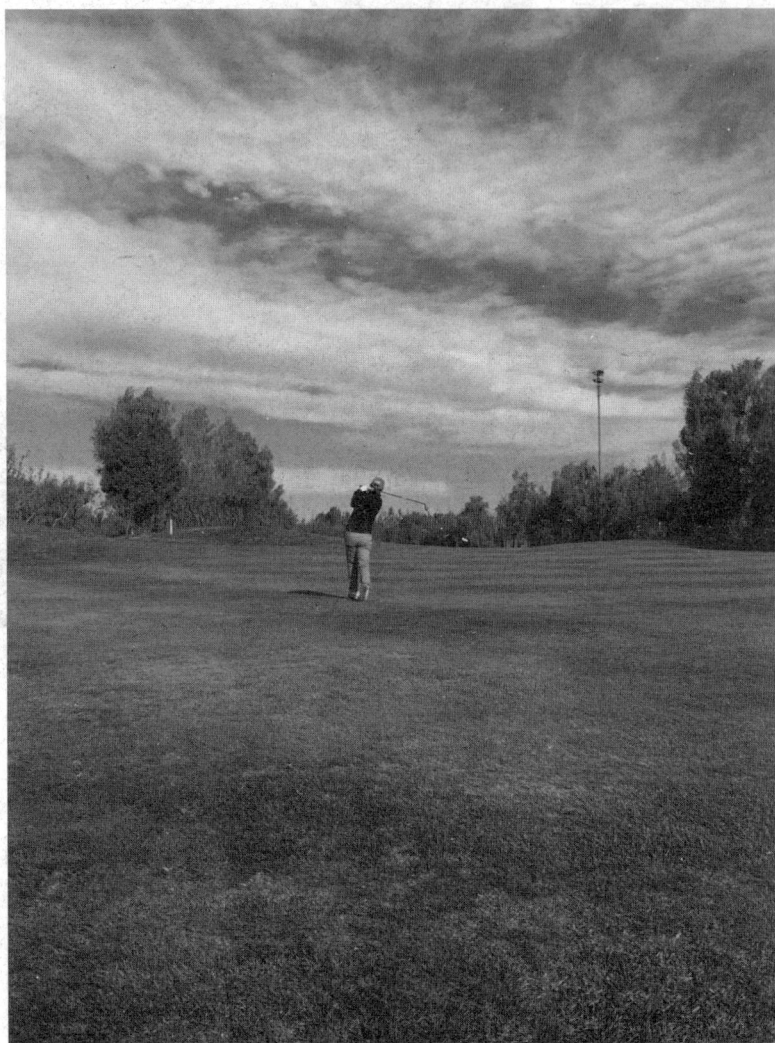

"人生好似一场旅行，而且是孤独的旅行。"摄于 2021 年。

后 记

晓忠一家三口现定居在上海，过着平静的家庭生活。